目指せ！英語授業の達人36

絶対成功する！

アクティブ・ラーニングの英文法ワークアイデアブック

瀧沢広人 著

明治図書

はじめに

　本書は「主体的・対話的で深い学び」(いわゆるアクティブ・ラーニング)と，第二言語習得理論を交えた「文法アクティビティ」のワークシート集を提案します。
　私たちが学ぶ「目標言語」は，次のような認知プロセスをたどると言われています。

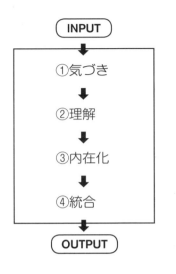

　最初に私たちは，聞いたり，読んだり，見たりしながら，新しい言語に触れます。そのときに大切なのが「気づき」です。気づかないものは「理解」されません。廣森友人氏は著書『英語学習のメカニズム』(大修館書店)で「1円玉のウラにはどのような絵が描かれているかご存じだろうか」と問い，その後「注意を向けられることによって，はじめて気づきが生まれる」(p.24)と言います。つまり英語授業においても，目標言語に注意を向けさせ，気づきを生むところから授業が始まるのです。注意を向けられた「気づき」は，「理解」を伴わせ，本時の学習内容に入っていきます。3番目のプロセスは，「内在化」(intake)です。聞いたり，話したり，書いたり，読んだりしながら，その目標言語を学習者の内部(中間言語)に取り込む学習がこの「内在化」のプロセスだと考えます。そして最後の4番目，「統合」(integration)のプロセスでは，「既存の中間言語体系を再構築して，処理の自動化が図られる」(同 p.26)とあることから，ここの部分は「活用」となります。既習事項を用いて行う「タスク活動」や，マジカルクイズ，イングリッシュサロンなどが考えられます。「既存の中間言語体系を再構築して」とあることから，1時間の授業の中で，目標言語をこの段階にもっていくのは，なかなか困難なことです。むしろ学習してから時間が経った後，統合的な活動を行えば，それが長期記憶となり，自動化へとつながるのではないかと考えます。このように，第二言語習得理論は，私たちが行っている授業実践が研究理論のどこの部分と重なるのかを考えさせてくれ，実践の確かさや授業者としての正しい方向性が確保され，授業に自信を与えてくれるはずです。
　さて，「外国語ワーキンググループにおける審議の取りまとめについて(報告)」(pp.6-7，平成28年8月26日)では，『「知識・技能」を実際のコミュニケーションの場面において活用し，考えを形成・深化させ，話したり書いたりして表現する力を繰り返すことで児童生徒に自信が生まれ，主体的に学習に取り組む態度が一層向上していくため，「知識・技能」及び「思考力・判断力・表現力等」と「学びに向かう力・人間性等」は不可分に結び付いている。』とあります。つまり，児童生徒の自信が主体的な学習態度につながるのです。最初から生徒に主体性があるのではなく，授業をしながら，生徒に自信をつけさせていくのです。
　英語教育の明るい未来に，共に実践・研究してまいりましょう。

2017年2月　　　　　　　　　　　　　　　　　　　　　　　　　　　　　　瀧沢広人

Contents

はじめに 002

Chapter 1　文法指導で使えるアクティブ・ラーニングの指導技術＆活動形態

❶ 「導入」場面のアクティブ・ラーニング 006
❷ 「展開」場面のアクティブ・ラーニング 007
❸ 「まとめ」場面のアクティブ・ラーニング 008
❹ 「活用」場面のアクティブ・ラーニング 009
❺ 「協働的な学習」のアクティブ・ラーニング 010
❻ 「ペア・グループ学習」のアクティブ・ラーニング 011
❼ 「家庭学習」のアクティブ・ラーニング 012
❽ 「板書」でのアクティブ・ラーニング 013
❾ 「定期テスト」でのアクティブ・ラーニング 014
❿ さまざまな活動形態のアクティブ・ラーニング 015

Chapter 2　中学1年　アクティブ・ラーニングの英文法指導アクティビティ＆ワーク

❶ 一般動詞（肯定文）　Let's 相性チェック！ 016
❷ 一般動詞（疑問文）　好きな果物調査！　What fruit do you like? --- I like apples. 018
❸ 一般動詞（否定文）　続・Let's 相性チェック！　I don't like .... --- We are the same! 020
❹ 複数形　これであなたも文法博士？①　複数の s/es がつくのはどんなとき？ 022
❺ 複数形　これであなたも文法博士？②　複数の s/es の使い分けの秘密を探ろう 024
❻ 冠詞　これであなたも文法博士！　冠詞の a/an の使い分けの秘密を探ろう 026
❼ How many?　いくつ持っているのかな？
　　　　　How many CDs do you have? --- I have many CDs. 028
❽ 命令文　断るなら Give Up カードがあるうちにゲーム 030
❾ 前置詞　間違い探し　Spot the Difference! 032
❿ be 動詞（肯定文）　3ヒントクイズ！①　ヒントを聞いて当てっこしよう 034
⓫ be 動詞（疑問文）　3ヒントクイズ！②　Are you ～? を使って当てよう 036
⓬ be 動詞（否定文）　I'm not で伝えよう　I'm not .... を使って当ててもらおう 038
⓭ 疑問詞 What　何ですか？ vs 何を○○しますか？ 040
⓮ 疑問詞 Who　誰ですか？ vs 誰が（と）○○しますか？ 042
⓯ 疑問詞 Where　どこ？ vs どこで○○しますか？ 044

003

⑯ 疑問詞 When　いつですか？ vs いつ○○しますか？ ……………………… **046**

⑰ 疑問詞 How　どうですか？ vs どのようにしますか？ ……………………… **048**

⑱ 3人称単数現在形（肯定文）　あなたの記憶力に挑戦！ …………………… **050**

⑲ 3人称単数現在形（疑問文）　友達クイズを作ろう！① ………………… **052**

⑳ 3人称単数現在形（否定文）　友達クイズを作ろう！② ………………… **054**

㉑ 助動詞 can　自分のできることは？　I can .... / I cannot .... ……………… **056**

㉒ 助動詞 can　職業適性検査　Can you get up early? --- Yes, I can. / No, I can't. …… **058**

㉓ 現在進行形（肯定文）　ジェスチャーゲーム①　I know! You are drinking water. ……… **060**

㉔ 現在進行形（疑問文）　ジェスチャーゲーム②

　　　　　　　Are you playing golf? --- Yes, I am. / No, I'm not. ………… **062**

㉕ 過去形（規則動詞）　**過去の行動で相性チェック！①**　We are the same! ゲーム ……… **064**

㉖ 過去形（不規則動詞）　**過去の行動で相性チェック！②**　We are the same! ゲーム ……… **066**

㉗ 過去形（疑問文）　**先生に Yes, I did. と言わせよう！**

　　　　　　　Did you ... last night? --- Yes, I did. / No. I didn't. ………… **068**

┌─────────┐
│ **Chapter** │ **中学2年　アクティブ・ラーニングの英文法指導**
│ **3**   │ **アクティビティ＆ワーク**
└─────────┘

❶ be 動詞（過去形）　**過去形で会話の継続を！**

　　　　　　　What did you do last night? --- I watched TV. It was interesting. …… **070**

❷ 過去進行形　**What are missing?**　絵からなくなっているものは？ …………… **072**

❸ 未来形 will　**今夜やることは??**　I will watch TV tonight. ………………… **074**

❹ 未来形 will　**あなたは今夜〜しますか？**　Will you play sports tonight? ………… **076**

❺ 未来形 be going to 〜　**留守電にメッセージを残そう！** ………………… **078**

❻ 未来形 be going to 〜　**当てっこしよう!!**

　　　　　　　Are you going to see a movie this weekend? --- Yes, I am. ……… **080**

❼ Shall I ...? Will you ...? May I ...?　**願いがいくつ叶うかな？** ………………… **082**

❽ There is / are　**駅でなくしたものは？**　自分のカバンを説明してみよう ………… **084**

❾ 不定詞（名詞的用法）　**英語で性格判断！**

　　　　　　　Do you like to go shopping? --- Yes, I do. / No, I don't. ………… **086**

❿ 不定詞（名詞的用法）　**夢の旅行計画を立てよう！**　Where do you want to go? And why? … **088**

⓫ 不定詞（副詞的用法）　**え？なんで？**　理由を付けたす方法 ………………… **090**

⓬ 不定詞（形容詞的用法）　**同じものでも使い道が違う？**　ものを詳しく説明する方法 ……… **092**

⓭ 動名詞　**ザ・相性チェック！**　君と友達との間は？ ……………………………… **094**

⓮ 接続詞 when　**あなたも作家！** ……………………………………………………… **096**

⑮ 接続詞 if　海外の迷信に挑戦！ ……………………………………………… 098

⑯ 比較（比較級）　**Spot the Difference!** …………………………………… 100

⑰ 比較（最上級）　高い順，長い順に並べ替えてみよう …………………… 102

⑱ 比較 as-as　**大発見！**　身近な as-as を探そう ……………………………… 104

⑲ 比較 more / the most　あなたの興味ある教科は？ ……………………… 106

⑳ 比較 better / the best　好きな教科や季節を聞き出そう！ ……………… 108

Chapter 4　中学３年　アクティブ・ラーニングの英文法指導 アクティビティ＆ワーク

❶ call A B　え？アメリカの州にあだ名があるの？
　　　　　　What do you call this? --- I call it Angel City. ………………… 110

❷ 受け身　名作発見！ ………………………………………………………… 114

❸ 現在完了（継続）　あなたも！ストーリーテラー① ……………………… 116

❹ 現在完了（完了）　あなたも！ストーリーテラー② ……………………… 118

❺ 現在完了（経験）　あなたも！ストーリーテラー③ ……………………… 120

❻ 現在完了（継続）　創作ビンゴ！　うまくビンゴになるかな？ ………… 122

❼ 現在完了（完了）　９時です！もう終わりましたか？ …………………… 124

❽ 現在完了（経験）　47都道府県！うまく塗れるかな？ …………………… 126

❾ 現在分詞の後置修飾　犯人像を英語で伝えよ！　My bag was stolen! I saw the suspect! … 128

❿ 過去分詞の後置修飾　うまく伝えられるかな？ …………………………… 130

⓫ 関係代名詞 that（主格）　１文で説明できるかな?! ……………………… 132

⓬ 関係代名詞 who / which（主格）　物語を説明してみよう！ …………… 134

⓭ 関係代名詞 who / which（目的格）　今日も１文で説明してみよう！ …… 136

【付録】

中学１年　職業適性検査の結果発表 … 138

中学２年　What are missing? の絵カード … 139

中学２年　性格診断の結果発表 … 140

おわりに ………………………………………………………………………… 141

Chapter 1　文法指導で使えるアクティブ・ラーニングの指導技術 & 活動形態

1　「導入」場面のアクティブ・ラーニング

　アクティブ・ラーニング（主体的・対話的で深い学び）のキーワードは「主体性」と「仲間と共に課題を解決する力」であると私は捉えます。つまり，生徒が主体的な取組ができているかどうか，仲間と共に協働的に課題を解決しようとしているかどうか，そういった視点で授業を観察し，組み立て，10年後，20年後を生きる生徒を育てていかなくてはいけません。では，文法指導の導入部ではどのような点に留意して授業をつくっていったらいいでしょうか。

　導入部の第二言語習得理論は，「気づき」と「理解」です。生徒に新しい言語に気づかせるためには，まず全生徒を授業に惹きつけなければいけません。それも不安のない状態でです。Krashen（クラッシェン）は，「情意フィルター仮説」を立て，「不安感や自信の無さ，意欲の欠如はインプットを阻害する」と主張しました。強制的でなく，「楽しさ」のある導入は，生徒の学習意欲を喚起します。そのような導入方法は多数あります。

> ①クイズで導入　　②写真で導入　　③イラストで導入　　④かるたで導入　　⑤スキットで導入
> ⑥絵を描かせて導入　　⑦モノで導入　　⑧生徒を巻き込んで導入　　⑨手品で導入
> ⑩ビデオで導入

〈参考〉拙著『中学の英文法！楽しい導入アクティビティ・アイデア集』明治図書

　導入は，「理解させるところまで」が導入です。新しい文法項目に気づかせ，とりあえず浅い理解（「形式」と「意味」）でいいので，生徒に理解を促します。その後，展開部で内在化を図り，深い理解へとプロセスをたどります。

> **授業例**　「Today, we are going to learn about superstitions. What's superstition? For example, "If a swallow flies low, it will ...." (S: rain) That's right. This is superstition, 迷信.　How about this? "If we sleep soon after eating, we will be ...." (S: cow) Right.　But we never become cows.　Next .... 」と，迷信を英語で生徒に提示します。そして If をだんだんと強調していき，本時の目標言語に「気づかせ」るようにしていきます。要は，本時の学習内容が何であるかを気づかせればいいのです。きっと５分もあれば，導入は終わってしまいます。
>
> 　その後，If という形式が，「もし〜ならば」という意味であるという浅い理解をした後に，迷信プリント（本書99ページ）を渡し，展開部の「内在化」を図ります。ここでは「読むこと」を通して，If の意味理解を深めることを目的とします。
>
> 　そして，その後，If you have free time, や If it rains tomorrow, If you give a present, If I go to a foreign contry, 等のカードを班に配り，後半部の英語を引き出します。

② 「展開」場面のアクティブ・ラーニング

　展開部のねらいは,「内在化」（intake）です。できるだけたくさん目標言語を言わせ, 表現に慣れさせます。ここは, 強制的なアウトプット（pushed output）で構いません。「十分に内在化されていなかった言語知識がアウトプットとして使われることによって, より深く内在化される」（p.67『第二言語習得研究から見た効果的な英語学習法・指導法』村野井仁著, 大修館書店）とある通り, アウトプットすることは, 内在化を促進します。私たちの経験からも, アウトプットしようと思うと,「あれ？　ここは a はいるのかな。いらないのかな。」「ここは need to を使った方がいいかな。」と細かな言語知識に焦点が向くでしょう。廣森氏も「アウトプットは意味処理に加えて文法などの統語処理（syntactic processing）を促進する」（p.62『英語学習のメカニズム』, 大修館書店）と言っています。このようなアウトプットの経験を通じて, 目標言語の「深い理解」へとつながっていくのです。聞いたり, 読んだりする受容活動では, 見過ごしてしまいそうなものでも, アウトプットすることで, 細かいところへの「気づき」を生むのです。展開部の活動には, 次のようなものがあります。

---

①カードゲーム　　②スキット　　③インタビュー活動　　④ Q&A　　⑤ pattern practice
⑥占い　　⑦ Reading 活動　　⑧ロールプレイ　　⑨カルタ　　⑩スピーチ
⑪４コマまんがのセリフを考える　　⑫英語パズル　　⑬インタビュービンゴ

〈参考〉拙著『絶対成功する！英文法指導アイデアブック』（学年別３冊）明治図書

　またアクティブ・ラーニングのポイントは,「評価」です。なってもらいたい生徒の姿に近づくために, ミニ評価させます。もちろん, 評価観点は「主体的な学び」「対話的な学び」「深い学び」です。意図的に「深い学び」を設定することで, より深い文法理解を促します。

授業例　中学１年生。「友達10人以上に, 好きな果物を尋ねよう」と課題を提示。生徒は, 友達のところに行って, What fruit do you like? と質問し, インタビューしてきます。すでに小学校で慣れ親しんでいる like という動詞ですので, そんなに難しくなく活動します。およそ１分後, 席に着かせ, ワークシートを配ると, そこにはなんと…。
　　　誰がどんな果物が好きだったか, 思い出して, 例にならって書いてみよう。
とあります。（本書50, 51ページ参照）生徒は「えー！」となります。しかしこの意外性が授業を楽しくさせるのです。また, このパターンを継続していくと, 単なる質問する回数を競うのではなく, 相手意識をもち, 友達の発言を大切に聴くようになると思うのです。英語を大事に扱うような気がする（？）のです。
　生徒は思い出しながら, ３人称単数現在形を使って (Miki likes watermelons.) 書き始めます。いわゆる報告です。質問するときは２人称ですが, 報告文では３人称となるのです。

③ 「まとめ」場面のアクティブ・ラーニング

　「まとめ」では，文法の整理です。生徒より多くの知識をもち，教壇に立つ私たちが，文法のポイントを理解し，できるだけやさしく，わかりやすく，そして更なるアウトプットにつながるような「まとめ方」をします。第二言語習得理論で言うと，「形式」「意味」を再確認し，どのような状況で使うのかという「機能」について触れられると更によいです。

　私の場合は，「こんなときに何と言う？」形式の課題を出し，その使い方，機能に触れるようにしています。（しかし，ここの部分は研究の余地ありです。）

次のようなときに，何と言いますか。

①三者面談をしているあなたは先生から「もっと勉強しなさい。」と言われます。しかし，勉強すると眠くなってしまうのです。そこで「勉強していると眠くなっちゃうのです。」

　　　　　あなた：I usually go to bed at 9:00.

　　Mr. Tanaka：At nine? You must study more.

　　　　　あなた：But （　　　　　　　　　　　　　　　　　　　　　　）

②さあ，結婚間近なあなた。彼氏に言いましょう。「私のことを幸せにしてくれる？」

　　　　　あなた：（　　　　　　　　　　　　　　　　　　　　　　　　）

　　　　　彼氏：（　　　　　　　　　　　　　　　　　　　　　　　　）

★自分でも場面設定して作ってみよう。

　さて，新学習指導要領では，目標指標（いわゆる「Can Do リスト」）が，アクティブ・ラーニングの前に話題となりました。私は，文法にも "Can Do" があると思っています。「何がわかればいいのか」「何が理解できている必要があるのか」「どこを理解すれば他に応用が効くのか」等の「これだけは…」という文法 Can Do が，学校文法にはあるような気がしているのです。例えば，未来形の will の Can Do は，

> 　主語の後ろに will を入れて，動詞は原形　

というこれだけです。疑問文なら「will を前に持ってくるだけ」となり，否定文は「① will の後ろに not を入れる。② will not の短縮形は，won't となる。」の2点を理解させればよいことになります。このように，文法のまとめでは，ここだけは押さえたいという，ギリギリの文法 Can Do を生徒にしっかり理解させます。

　理解させたら，その理解が本物になるように，練習問題を行います。

　例）次の文を tomorrow をつけて，未来の文にしなさい。

　　Ken studies English. → （　　　　　　　　　　　　　　　　　　　）

〈参照〉拙著『Can Do で英語力がめきめきアップ！　中学生のためのすらすら英文法』明治図書

「活用」場面のアクティブ・ラーニング

　さて，いよいよ「活用」です。第二言語習得理論で言うところの「統合」に当たると私は考えます。当該文法事項や既習事項を駆使して，課題（タスク）を解決するような活動となります。文法事項が平易なものであれば，その時間内で「統合」活動まで進めることができますが，私はどちらかと言うと，「統合」とは，忘れかけた既習事項を用いて総合的に使ってみる，「活用」であると思っています。

　例えば，Odd One Out ゲームというのがあります。いわゆる「仲間外れ」です。
　教師が3つの動物の絵「ペンギン」「バッタ」「カラス」を見せ，"What is Odd One Out?" と問います。そして生徒が "Grasshopper." と言ってきたら "Why?" と尋ねます。すると生徒は，何とか英語で言おうとして，"Grasshoppers aren't birds."

と言ってきます。そうです。この場面では，この理由を言うところが，私は「統合」（＝活用）と考えます。決められた英語を言うのではなく，既習事項（中間言語）の中から，自分で選択して，自分の考えや気持ちを伝えているからです。

　また，"Penguin." という答えも可能です。実はこの Odd One Out は，意見が複数に分かれる方がいいのです。なぜなら "Why?" と尋ねる必然性が生まれるからです。penguin が Odd One Out と考えた生徒は，"Grasshoppers and crows can fly, but penguins cannot fly." と中学1年生で学習する can を使って理由を言ってくるかも知れません。また，もしかしたら，"Penguins can swim." と言ってくる生徒もいるかも知れません。どのような表現を使ってもいいから，自分の中間言語から引き出し，思いや考えを伝えるところが「統合」（＝活用）だと

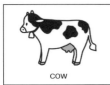

考えるのです。ちなみに左の4つでは，どうでしょうか。私は，cow を仲間外れにしました。なぜでしょうか。Because only a cow isn't a name of a baseball team. もしくは，Eagles, lions and tigers are names of the baseball teams. となります。また，次の4つなら，どれを仲間外れにするでしょうか。eagle を mouse に変えただけです。Yes! 仲間外れは… lion です。仲間を連れてくるとわかってくるでしょう。horse や monkey, snake, sheep, dog, rabbit 等がいますね。

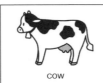

5 「協働的な学習」のアクティブ・ラーニング

　アクティブ・ラーニングに欠かせないキーワードは「協働的」という言葉です。では,「協働的な学習」は,どのように創ったらいいでしょうか。
　一番簡単な方法は,同じ活動を「もしグループでやったらどうなるか」と考えてみるのです。
　例えば,次のような英語パズルがあります。「楽しくて,ちょっぴりためになる」をコンセプトで作成した「英語パズル」です。個人でもできますが,これはグループでもできます。
　グループで行うと,必然的にわかったことの情報交換が始まるからです。
　各班にミニホワイトボードを渡し,重たい順に並べ替えさせます。
　それを英語で言わせれば,比較級や最上級を使わせることができます。

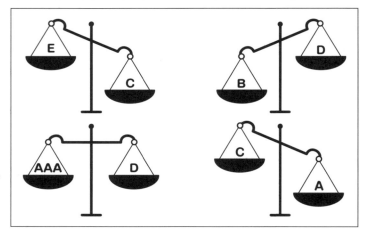

　時間制限を設け,その時間内に正解した班にポイントをあげます。よくテレビ番組のクイズで見かける方法です。グループでやったらどうなるか考えてみると,見えてきます。
　こんなのはどうでしょうか。イラストと物語の説明を線で結びます。これはReadingの課題となります。しかし,実はそれだけではありません。1つだけ線で結べないものがあるのです。そこで線で結べなかった物語に合う英文を考えて書くという課題となります。

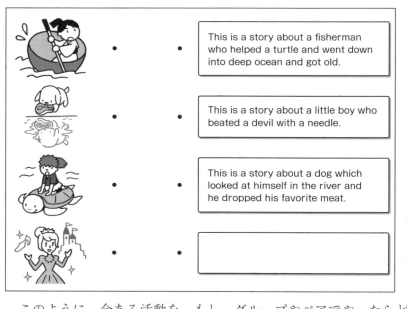

　このように,今ある活動を,もし,グループやペアでやったらどうなるかと考えてみると,協働的な活動が見えてくるのではないかと考えます。

〈参照〉拙著『授業を100倍面白くする！中学校英文法パズル＆クイズ』明治図書
　　　　拙著『授業を100倍楽しくする！　英語学習パズル＆クイズ』明治図書

6 「ペア・グループ学習」のアクティブ・ラーニング

「主体的・対話的で深い学び」（アクティブ・ラーニング）や「協働的な学習」では，ペアやグループでの学習が欠かせません。一斉型の授業ではお客さんになる生徒も，グループやペアでの学習になると，主体的な学習をせざるを得ない環境におくことができます。

例えば，次のような関係代名詞の入った英文を読み，何を説明しているのか当てる学習をするとします。答えは「キリン（giraffe）」です。もしこれを個人で読み進め，答えを導くとし

> This is an animal which sleeps for about 2 hours every day.
> This is an animal which lives in Africa.
> This is an animal which has brown and yellow skin.
> This is a tall animal which can run fast.

たら，英語を苦手としている生徒は，主体性をもって取り組めるでしょうか。何かベネフィット（お得感）や強制力がなくては進んで取り組もうとしないのではないでしょうか。

そこで，「ジグソー法」が出てくるのです。次の4つの英文を切り取り，教室の4隅に貼っておきます。

A　This is an animal which lives in Africa.

B　This is an animal which has brown and yellow skin.

C　This is an animal which sleeps for about 2 hours every day.

D　This is a tall animal which can run fast.

そして4人組の班を作り，1人1か所ずつA〜Dの担当を決めます。メモを取らず，覚えてきて，班に戻り，報告します。すると，傍観者ではいられません。役割が与えられるからです。また，歩く距離が遠ければ遠いほど，覚えつづける時間を要し，短期記憶が鍛えられます。

ポイントは，「1人1人に役割が与えられる」ことです。

また，「話し合いルール」や「学び合いルール」をきちんと伝えておくことです。

〈学び合いルール○箇条〉
①積極的に司会役を務めよ。（司会は何人いてもよい）
②できない友達を絶対に！責めてはならぬ。（「協力」と「学び」）
③「教えること」は「一番の学び」と考えよ。（教えると自分がよくわかる）
④常に協力して！課題を解決する気持ちをもて。（正解よりも考える過程が大事）
⑤だんまりは，協力していないのと同じ！（他に働きかけてこそ，力のある人間だ）

「家庭学習」のアクティブ・ラーニング

　アクティブ・ラーニングは，生徒の「主体性」と「仲間と共に協力して課題を解決する力」を通し，当該教科の学力を身に付けさせていくことにねらいがあります。そして「主体性」をもった学習を生徒に行わせるために教師がやるべきことの１つに，「ゴール」と「振り返り」があります。授業の最初（または活動の前）に「ゴール」（＝目標やねらい・めあて）を提示し，授業（または活動）を終えたら「振り返り」を行います。またその振り返りは，「**家庭学習につながる振り返り**」でなくてはいけません。これがアクティブ・ラーニング型の振り返りです。単なる授業感想ではなく，学習を振り返り，学んだことやまだ学習がたりないところを「可視化」します。例えば，「There is / are が"ある""いる"という意味がわかりました。家に帰ったら，家の中にあるものを，There is / are を使って10個書いてみたいと思います。」のように，授業でやったことを更に発展させたり，またよく理解できなかった点や不十分だったところを振り返り，家庭学習につなげられる「振り返り」を目指します。よって，この振り返りの方法も，生徒に指導しなくてはいけないでしょう。

今日の目標	月日	【授業で学んだこと・家に帰って学習したいこと】	印
「～がある」という文構造を理解する。	6／12	- -	

　次に，家庭学習をアクティブ・ラーニング化するには，大きな課題を提示し，中身は生徒に任せます。私はこれを「自学」と呼んでいます。自学は授業があった日にノート１～２ページを英語関係で埋めてくるという課題です。やる内容は生徒が決めます。また自学で何をしていいかわからない生徒のために，自学メニューを作成し，英語の勉強法も学ばせながら，自学に取り組ませます。詳細は，拙著『プロへの道　英語授業の仕事術・マネージメント術』（pp.64-72，明治図書）や『生徒にゲットさせたい"英語の学習スキル"―入門期の指導ステップ』（pp.40-41，明治図書）に実際の自学メニュー等が載っていますのでご参照ください。

> **英語自学メニュー**
> Ａメニュー（基礎・基本の定着）
> □①単語を１行分書いて練習しよう。
> □②教科書の文をノートに写そう。
> □③教科書の文を日本語に訳そう。
> □④単語テストを作ってやってみよう。

さて，「ゴール」はなぜ示すのでしょうか。例えば，音読で「ｆの発音に気をつけて読もう」と「ゴール」を設定するとします。すると生徒は，その目標に向かって頑張ろうとします。つまり，ゴールを提示することで，主体的に学習に取り組めるようになるのです。生徒のことをよく知り，英語教育のことをよく知っている教師だからこそ，ｉ＋１（生徒の能力より少し上）の課題を提示できるのです。また活動後には，達成度を評価します。

「板書」でのアクティブ・ラーニング

　板書のアクティブ・ラーニングは，生徒に「黒板を開放する」ところから始まります。何も黒板は教師が書くだけのものではありません。黒板を開放し，生徒に書かせてはどうでしょうか。例えば，本書87ページの「性格判断」では，Do you like to go shopping? から質問していき，最後にたどり着いたアルファベットが，のちの性格判断で使われます。そこで，黒板を8等分しておき，尋ねていったら，そこにその人の名前を書いておくようにします。すると「可視化」できます。可視化はアクティブ・ラーニング型授業の1つのポイントとなります。

```
Wednesday, September 7

A  山田          B  Ellen 後藤   C  小島          D  瀧沢
   鈴木 吉田

E  大塚 南       F  古川          G  島田          H  大田 橋本
   高橋 山口                                          久保
   成田 古山
```

　私は生徒がノートやプリントに問題をやったときには，それを教師のところに持って来させます。そして，最後までできた生徒には，黒板に答えを書いてもらいます。すると，早く終わった生徒は黒板に書くということで，何をやってよいのかわからないという空白の時間が埋まります。と同時に，答えが黒板に書かれれば，生徒が自分で○つけができるようになります。教師がいちいち答えを提示しなくても答え合わせができてしまうのです。授業がすうっと流れていきます。また，もしわからない生徒がいれば，黒板を見て，答え方を学ぶこともできます。

```
Wednesday, September 7

Today's Can Do  絵を見て，「～に…がある」       「～に…がある」
という文を言うことができる。                    There is an apple on the desk.
                                                There are some apples under the desk.

問題1  (1)          問題2  (1)          問題3  (1)
       (2)                 (2)                 (2)
       (3)                 (3)                 (3)
```

❾ 「定期テスト」でのアクティブ・ラーニング

　アクティブ・ラーニングのキーワードは「主体性」です。だとするならば，定期テストへの取組も「主体的」[1]でなければいけません。学校におけるテストは，実力テストであってはいけないと思っています。

　実力テストは，生徒が何を勉強して臨めばいいかわかりません。

　そうではなく，学校における定期テストは「何を，どこまで勉強すればいいのか」がわかるテストでありたいのです。そして，その勉強することで，力がつくようなテストでなくてはいけません。

　私のテスト問題は，①日本語に訳す問題（20点），②予告英作文（10点），③問題集から（20点）を出します。これで100点満点の半分（＝50点）です。つまり，教科書の英文を日本語に訳せ，予告問題の英作文をしっかりやっておき，問題集も数回繰り返してできるようにしておけば，半分の50点[2]はとれるのです。それに，④リスニング（20点），⑤初見のリーディング問題また教科書からの問題（20点），⑥表現する問題（10点）を加えて100点満点となります。

　このようなテストをしていくと，生徒はテスト前に何を勉強すればいいかわかります。

　何を勉強すればいいかわかると，勉強するようになります。

　教科書を訳してきます。

　そして予告英作文をやります。

　だから生徒の中には，テストが配られると真っ先に予告英作文からやる生徒もいます。また，問題集から出るとわかっているので，問題集を復習します。要は，内容的にも「力をつけるテスト」にしていくのです。そして生徒にそれに向かって「いかに勉強させるか」なのです。いわゆる「テストを頑張る」ではなく，「テスト "勉強" を頑張る」生徒へと意識変革をさせるのです。

　私が新任の頃，生徒から「先生。テストの前に何を勉強しておけばいいですか。」と尋ねられ，「そうだね。音読やって，単語練習をして，問題集をやってごらん。」と言いながら，問題はほぼ実力テスト状態。唯一出したのが，教科書本文からの問題と問題集からでした。音読や単語練習で時間を費やしても，直接的にはテスト対策にはなっていないと生徒は感ずるのです。そうなると，生徒は何をやっていいのかわからず，私が「テスト勉強頑張っている？」と聞くと，「何が出るかわからないから勉強しない。」「他の教科をやっている。」という返答。がっかりした記憶があります。アクティブ・ラーニング型の定期テストの1つは，「生徒が主体的にテスト勉強に取り組もうとするテスト問題づくり」にあるのではないかと考えます。

1）「主体的」とは，自発的に行う態度・姿勢です。「自主的」とは違います。「自主的」とは，何をやるかがわかっていて，それを自分から行うことを言います。「主体的」とは，何をやるかどうかは決められていない状態で，自分から考え，判断し，行動を起こします。例えば，わからない単語が出てきたとします。先生に「辞書を引いてごらん。」と言われないうちに，自分から辞書を取り出し，意味を確認するというような姿勢です。
2）ここまで提示しても50点いかない生徒が問題なのです。〈参考〉拙著『中学英語50点以下の生徒に挑む』明治図書

10 さまざまな活動形態のアクティブ・ラーニング

　アクティブ・ラーニングには，どのような活動形態があるのでしょうか。提案されている活動としては，次のようなものがあります。参考にまとめておきます。なお，これ以外にも多くの活動があり，また新たに考えられる活動もあるでしょう。今後，アクティブ・ラーニングの手法についても，研究の余地がありそうな気がしています。

活動名	活動例	英語授業への応用
思考・ペア・共有 (Think-Pair-Share)	自分の考えを深め，明確にするために，まず個人で考えたものをペアで読み合い，友達の考えを対比しながら考えを深めていく方法。クラスでの討論にもなる。	▷**聞き取り**　CDを聞きながら，メモをとる。その後ペアで内容を確認・共有し，クラスで発表する。
ラウンド・ロビン (Round Robin)	グループ（4人〜6人）になり，1人ずつ意見や考えを順番に言っていく。その場での質問や意見は出さずに，どんどん言わせる。記録者を1人設ける。	▷**内容理解**　教科書の内容を個人で読んだ後に，わかったことや疑問に思うことを順番に言っていく。
ピア・レスポンス (Peer Response)	自分の書いたものを友達に見てもらい，フィードバック活動を行い，改善した方がいいところを指摘する。そのことで，評価能力が育つ。	▷**テーマ作文**　テーマを与え，身近な話題について簡単な英文を書いた後,友達から評価・添削をもらう。
ジグソー法 (Jigsaw Method)	教えるためにはよく知っておかなくてはいけない。そこでエキスパート活動を行い，ジグソー班に戻り，教え合い，班の考えをまとめクロストークに持ち込む。	▷**ヒントクイズ**　ヒントを教室の数か所に掲げ，それらのヒントを班で協力して集め，答えを見つける。
3段階インタビュー (Three Step Interview)	ペアに質問したのち，その内容を第三者に伝える。	▷**英文法**　質問した内容を3人称を使って伝える。
ラウンド・テーブル (Round Table)	与えられたテーマや質問への回答を語句や短い文で書き，次の人に渡す。	▷**ライティング**　意見を求める質問に答えていく。
フィッシュ・ボウル (Fish Bowl)	同心円を描き，中心の生徒たちが活動を行い，円の外側にいる生徒が活動を観察する。	▷**会話**　ペアの会話の様子を他のペアが観察し，学び合い，明示的学習を行う。
ラーニング・セル (Learning Cell)	2人の生徒が共通して読んだ内容について交互に質問し答える。または一方の生徒がもう一方の生徒に質問をする。	▷**内容理解**　教科書の英文を読んだ後に質問を考えさせ，お互い質問をする。

Chapter 2 中学1年 アクティブ・ラーニングの英文法指導アクティビティ&ワーク

一般動詞（肯定文）

Let's 相性チェック！

✔活動時間　約11分　　✔言語活動　話す・聞く　　✔ALの視点　対話的な学び

I like …. という英文は小学校ですでに，何度も何度も耳にし，口に出して言っている最も定着度のよい英文と言えます。そこで，一般的な活動ではなく，「相性チェック」という形式の活動はどうでしょうか。まず自分の好きなものを選び，○をした後，ペアで同時に，I like …. と言います。もし同じであれば，We are the same! と言って，ハイタッチをし，相性を確認する活動です。

【指導手順】　INPUT　→　気づき　→　理解　→　内在化　→　統合　→　OUTPUT

	学習内容	▶生徒の学習活動　●ALの視点　・留意点
❶	**Step1** を行う。 ①自分の好きなものを○していく。（1分）	▷ Step1 の活動準備を行う。 T：Let's look at **Step1**. Do not look at your friends' worksheets. Now choose one of your favorite things from the list and encircle them. S：（生徒は自分の好きなものを○していく。） ・このとき，カテゴリーにある語彙を，1つずつ読み上げながら○をさせるなど，クラスの状況に応じて行わせる。
	②やり方を理解する。 （1分）	▷「相性チェック」のやり方を理解する。 T：Now, it's time to 相性チェック！ You make pairs and sit face to face. Count, "One, two, three", then say what you like at the same time（同時に）… For example, "One, two, three. I like apples!" (I like apples.) If you say the same thing, say "We are the same!" and do high five.
	③相性チェック（3分）	○「相性チェック」を一斉に行う。 T：O.K. We'll check one by one.　Fruits! S：One two three!　I like …. (We are the same!) 【対話的な学び】
❷	**Step2** を行う。（5分）	▷ Step2 を行う。 ・やり方は **Step1** と同じだが，確率が50％なので，より一致するはず（？）である。　【対話的な学び】
❸	振り返りを行う。（1分）	○活動を振り返る。　【主体的な学び】

016

Worksheet

【一般動詞（肯定文）】

Let's 相性チェック！

Class (　　　) Number (　　　) Name (　　　　　　　　　　)

Step1 次の中から，好きなものをそれぞれ１つずつ選ぶとしたら，どれを選ぶかな。単語に◯をしよう。準備ができたら，友達と "One, two, three, ..." と言った後，同時に，"I like ...." と言おう。もし，同じものだったら，"We are the same."（私たちは一緒ね）と言おう。いくつ同じになるかな。やった相手の名前を（　　）に書いて，何個同じだったか書いておこう。たくさん同じものを選ぶと相性がいいかも！

１人目（　　　　　）____個　　２人目（　　　　　）____個　　３人目（　　　　　）____個

fruits	foods	colors	vegetables	sports
bananas	spaghetti	red	tomatoes	soccer
apples	hamburger steak	blue	lettuce	baseball
watermelons	curry and rice	white	onions	volleyball

Step2 今度はもっと確率が高くなるよ。２つの中から１つを選び，やってみよう。

１人目（　　　　　）____個　　２人目（　　　　　）____個　　３人目（　　　　　）____個

dessert	drinks	days	subjects	nature
parfait	coca-cola	Sundays	English	mountain
pudding	oolong tea	Fridays	science	sea

Let's reflect! 振り返ってみよう

①積極的に I like .... と言おうとしましたか。【主体的な学び】　　5　4　3　2　1

②友達と協力して「相性チェック」ができましたか。【対話的な学び】　　5　4　3　2　1

③好きなものを言うときには，I like で始めることがわかりましたか。【深い学び】　　5　4　3　2　1

一般動詞（疑問文）

2 好きな果物調査！
What fruit do you like? --- I like apples.

✔ 活動時間　約12分　　✔ 言語活動　話す・聞く・書く　　✔ AL の視点　対話的な学び

今回は，調査結果をグラフに表す英語活動を行います。将来的には，表やグラフを説明する場面などは容易に想定できます。その前段階の学習と思ってもよいでしょう。英語で友達に質問していき，その結果をグラフにします。今回の表現も，小学校でかなり学習してくる表現ですので，中学校のねらいとしては，語順の理解が図れるように，内在化を目指しましょう。

【指導手順】　(INPUT)　気づき ➡ 理解 ➡ 内在化 ➡ 統合　(OUTPUT)

	学習内容	▶生徒の学習活動　　●AL の視点　　・留意点
❶	**Step1** を行う。 ①自分の好きなものを○していく。（1分）	▷やり方を理解する。 **T** : Now, you're going to interview your friends.　You ask "What fruit do you like?" Then you paint one block in the graph.
	②インタビューを行う。 　　　　　　　　（4分） ③結果を振り返る。（2分）	○インタビューを始める。 **T** : I'll give you 4 minutes.　Stand up.　Ready Go! ・生徒はインタビューをしていく。　　　　　　　　【対話的な学び】 ○仕上がったグラフを友達と比較する。 **T** : Show the graph to your partner. ・生徒は近くの人と出来上がったグラフを見せ合う。 ・場合によっては，男子は男子に質問し，女子は女子に質問することで，男女で好きなものベスト1が異なるかどうか比較させても面白い。　　　　　　　　　　　　　　　　　　　　【対話的な学び】
❷	**Step2** を行う。 ①口頭確認（2分） ②質問文を作る。（2分）	▷本時の学習内容を確認するため，生徒に英語で質問する。 **T** : What fruit do you like? **S₁** : I like melons.　What fruit do you like? ▷ **What ... do you like? の形の質問文を1つ作る。** **S** : What sport do you like?　　　　　　　　　　【深い学び】
❸	振り返りを行う。（1分）	○活動を振り返る。 ・自ら活動を振り返ることで，活動への取組を内省し，自ら学ぼうとする姿勢の向上をねらう。　　　　　　　　【主体的な学び】

Worksheet

【一般動詞（疑問文）】

好きな果物調査！

What fruit do you like? --- I like apples.

Class (　　) Number (　　) Name (　　　　　　　　)

Step 1 下にある7つの果物から，あなたが一番好きだと思う果物を2つだけ選ぼう。その後，対話例にならってインタビューしながら，棒グラフを完成させよう！

〈対話例〉　A：What fruit do you like?
　　　　　　B：I like watermelons and apples. How about you?
　　　　　　A：I like apples and bananas.

Step 2 What ... do you like? を使って，友達に質問したい英文を3つ書いてみよう。

(　　　　　　　　　　　　　　　　　　　　　　　　　)
(　　　　　　　　　　　　　　　　　　　　　　　　　)
(　　　　　　　　　　　　　　　　　　　　　　　　　)

Let's reflect!　振り返ってみよう

①できるだけ多くの友達に自分から話しかけようとしましたか。【主体的な学び】　　5　4　3　2　1
②「何の果物が好きですか」と尋ねる英語がわかりましたか。【対話的な学び】　　　5　4　3　2　1
③英語を用いて好きなものを尋ねる調査方法がわかりましたか。【深い学び】　　　　5　4　3　2　1

019

一般動詞（否定文）

3 続・Let's 相性チェック！
I don't like .... --- We are the same!

✔ 活動時間　約11分　　✔ 言語活動　話す・聞く・書く　　✔ AL の視点　対話的な学び

肯定文は比較的よく使う機会はあるのですが，否定文はなかなか意図的に使わせる機会というのはありません。しかし，明示的な指導の場合，どうしても意図的に使わせ，習得させていかなくてはいけません。「相性チェック」第2弾とし，英語を使わせ，また，生徒に簡単な自己紹介文（好きなもの・好きでないもの）を書かせ，定着へつなぎます。

【指導手順】　(INPUT) 　気づき ➡ 理解 ➡ **内在化** ➡ 統合 　(OUTPUT)

	学習内容	▶生徒の学習活動　　●AL の視点　　・留意点
❶	**Step1** を行う。 ①自分の好きでないものを○していく。（1分）	▷ **Step1** の活動準備を行う。 **T**：Let's look at **Step1**. Do not look at your friends' worksheets. 　　Choose what you **don't** like and make circles around the words. **S**：（生徒は自分の好きでないものを1つ○していく。） ・このとき，カテゴリーにある語彙を，1つずつ読み上げながら○をさせるとよい。
	②やり方を理解する。 （2分）	▷ 「相性チェック」のやり方を理解する。 **T**：Now, it's time to 相性チェック！ Make pairs and sit face to face.　Count, "One, two, three", then say what you don't like at the same time(同時に)... For example, "One, two, three. I **don't** like melons!" (I **don't** like melons.) If you say the same thing, say "We are the same." and do high five. ・ペアは前回の相性チェックと違うペアがよい。
	③相性チェック（2分）	○ 「相性チェック」を一斉に行う。 **T**：O.K. We'll check one by one.　Fruits! **S**：One two three!　I **don't** like .... (We are the same!) 　　　　　　　　　　　　　　　　　　　　**【対話的な学び】**
❷	**Step2** を行う。（5分）	○ **Step2** を行う。 ・2つの中から選ぶので確率は高くなる。　　**【対話的な学び】**
❸	振り返りを行う。（1分）	○活動を振り返る。　　　　　　　　　　　　**【主体的な学び】**

020

Worksheet

【一般動詞（否定文）】

続・Let's 相性チェック！

I don't like .... --- We are the same!

Class (　　　) Number (　　　) Name (　　　　　　　　　　)

Step 1　次の中から，好きでないものをそれぞれ１つずつ選ぶとしたら，どれを選ぶかな。単語に○をしよう。その後，友達と "One, two, three …" と，言った後，同時に，"I don't like …." と言おう。もし，どれも好きであれば，"I like everything." （全部好き）と言おう。相手と同じものだったら，"We are the same!" と言って，ハイタッチをしよう。

１人目 (　　　　　) ＿＿個　　２人目 (　　　　　) ＿＿個　　３人目 (　　　　　) ＿＿個

fruits	foods	colors	vegetables	sports
melons	fried oyster	orange	cucumbers	boxing
grapes	sashimi	yellow	eggplants	golf
lemons	kimuchi	purple	okras	fishing

Step 2　今度はもっと確率が高くなるよ。２つの中から１つを選び，やってみよう。

１人目 (　　　　　) ＿＿個　　２人目 (　　　　　) ＿＿個　　３人目 (　　　　　) ＿＿個

dessert	drinks	days	subjects	nature
ice cream	milk	Mondays	English	river
jelly	tomato juice	Sundays	math	sea

Let's reflect!　振り返ってみよう

① 積極的に I don't like .... と言おうとしましたか。【主体的な学び】　　5　4　3　2　1
② 友達と協力して「相性チェック」ができましたか。【対話的な学び】　　5　4　3　2　1
③ 「好きではない」は，I don't like で始めることがわかりましたか。【深い学び】　5　4　3　2　1

021

複数形

これであなたも文法博士？①
複数の s/es がつくのはどんなとき？

✔ 活動時間　約12分　　✔ 言語活動　なし　　✔ AL の視点　深い学び

　今回は、生徒の「深い学び」に焦点を当てた文法指導です。文法指導と言ったら、たいてい教師が板書して説明することで、理解を促しますが、生徒からの"気づき"を引き出し、協働的に友達と話し合いながら、自分たちの言葉でルール化するという流れをとります。さらにそのルールを友達に説明できるかを振り返らせることで、より深い学びを意識します。

【指導手順】　INPUT　気づき ➡ **理解** ➡ 内在化 ➡ 統合　OUTPUT

	学習内容	▶生徒の学習活動　●ALの視点　・留意点
❶	**Step1・2** を行う。 ①どういうときに s がつくのかをペアで考える。 （5分）	○トムとマイクの対話から、どういうときに s がつくか話し合う。 T : Look at **Step1**. Read the dialogues between Tom and Mike, and look for the rules of 's'. ・ペアにさせる。 ・時間を4分程確保する。　【対話的・協働的な学び】
	②ルールを文章化する。 （2分）	○ルールを探し出し、文章化する。 〈文法ルールの例〉 ・ものが複数（2つ以上）のときに s がつく。 ・あるものが「好き」「好きでない」というときには、複数となり、s がつく。 【対話的・協働的な学び】
❷	ルールを出し合う。 ①近くの人と伝え合う。 （2分）	○近くの人と気づいたルールを話し合う。 T : Now, share your ideas with neighbours. 【対話的な学び】
	②発表する。（2分）	○クラス全体の前で発表する。 【深い学び】
❸	振り返りを行う。（1分）	○活動を振り返る。 ・自ら活動の様子を振り返ることで、活動への取組を内省することができ、自ら学ぼうとする姿勢の向上をねらう。 【主体的な学び】

Worksheet

【複数形】
これであなたも文法博士？①
複数の s / es がつくのはどんなとき？

Class (　　) Number (　　) Name (　　　　　　　)

Step 1 次の英文を読んで，どういうときに s(es) がつくのか，その秘密を探ろう！

①
I have a dog.

Tom

I have dog**s**.

Mike

②
I have a bike.

Tom

I have two bike**s**.

Mike

③
I have five pen**s** and an eraser.

Tom

I have a pen and three eraser**s**.

Mike

④
I like animal**s**.

Tom

I don't like bird**s**.

Mike

Step 2 気づいたルールを書いてみよう。

Let's reflect! 振り返ってみよう

①どんなルールがあるか一生懸命考えようとしましたか。【主体的な学び】　　5 4 3 2 1
②友達とアイデアを出しながら課題の解決に迫りましたか。【協働的な学び】　　5 4 3 2 1
③どういうときに s(es) がつくか友達に説明ができそうですか。【深い学び】　　5 4 3 2 1

023

複数形

5 これであなたも文法博士？②

複数の s / es の使い分けの秘密を探ろう

✔ 活動時間　約10分　　✔ 言語活動　なし　　✔AL の視点　深い学び

今回も，協働的な学習によるルールの発見をねらいとし，アクティブ・ラーニングを仕組みます。トムとマイクの対話により，s がつく複数形と，es がつく複数形を横に並べて見比べることで，複数形の作り方の規則性を見つけさせます。主に，o / x / s / ss / ch / sh / th が語尾にある語は es をつけます。なお，y で終わっている語は y を i に変えて es をつけます。

【指導手順】　(INPUT)　気づき　➡　**理解**　➡　内在化　➡　統合　(OUTPUT)

	学習内容	▶生徒の学習活動　●AL の視点　・留意点
❶	**Step1・2** を行う。 ①e と es のつく単語を区別する。（2分）	○トムとマイクの対話から，どういうときに s がつき，どういうときに es がつくのか話し合い，その規則性を見つける。 **T**：Look at **Step1**. Read the dialogues between Tom and Mike, and look for the rules of 's' and 'es'. ・ペアにさせ，規則性を見つけさせる。 ・時間を4分程確保する。　　　　　　　　　　【対話的・協働的な学び】
	②ルールを見つける。 （3分）	○ルールを探し出し，文章化する。 〈文法ルールの例〉 ・単語の語尾が，o, x, s, ss, ch, sh, th のときに，es をつける。 ・y で終わっている語は y を i に変えて es をつける。 　　　　　　　　　　　　　　　　　　　　【対話的・協働的な学び】
❷	ルールを出し合う。 ①近くの人と伝え合う。 （2分）	○近くの人と気づいたルールを話し合う。 **T**：Now, share your ideas with your neighbours. 　　　　　　　　　　　　　　　　　　　　　　【対話的な学び】
	②クラス全体に広める。 （2分）	○クラス全体の前で発表する。 　　　　　　　　　　　　　　　　　　　　　　　　【深い学び】
❸	振り返りを行う。（1分）	○活動を振り返る。 ・自ら活動の様子を振り返ることで，活動への取組を内省することができ，自ら学ぼうとする姿勢の向上をねらう。 　　　　　　　　　　　　　　　　　　　　　　【主体的な学び】

024

Worksheet

【複数形】
これであなたも文法博士？②
複数の s / es の使い分けの秘密を探ろう

Class (　　　) Number (　　　) Name (　　　　　　　　　　)

Step 1　次の英文を読んで，s と es のつけ方の秘密を探ろう！

①
I have a dish and a bus.
I have two dish**es** and two bus**es**.

Tom　Mike

②
I have a watch and a peach.
I have a music box too.
I have five watch**es** and two peach**es**.
I have two music box**es**.

Tom　Mike

③
I know the city and the country.
I know the two cit**ies** and the two contr**ies**.
町　国
町　国
町　国
Tom　Mike

④
I have a potato and a tomato.
I have potato**es** and tomato**es**.

Tom　Mike

Step 2　気づいたルールを書いてみよう。

　

― Let's reflect!　振り返ってみよう
①どんなルールがあるか一生懸命考えようとしましたか。【主体的な学び】　5 4 3 2 1
②友達と一緒に色々なアイデアを出しながら課題の解決に迫りましたか。【協働的な学び】　5 4 3 2 1
③複数形のｓとesの使い分けルールを，友達に説明ができそうですか。【深い学び】　5 4 3 2 1

冠詞

6 これであなたも文法博士！

冠詞の a / an の使い分けの秘密を探ろう

✔ 活動時間　約12分　　✔ 言語活動　なし　　✔ AL の視点　深い学び

今回も，自分たちで文法のルールに気づく「深い学び」を視野に入れたアクティブ・ラーニングを行います。a が使われている文と an が使われている文とを比較し，どんなときに，an がつくのかをペアで創造的に規則を発見する方法です。これらは教師に教わるよりも，自分たちでルール（規則）を見つけた方が記憶に残りやすいと感じます。それをねらっての授業です。

【指導手順】　(INPUT) 　気づき ⇒ 理解 ⇒ 内在化 ⇒ 統合 (OUTPUT)

	学習内容	▶生徒の学習活動　　●AL の視点　　・留意点
❶	**Step1・2** を行う。 ①aとanのつく単語が区別できる。（4分）	○トムとマイクの対話から，どういうときにa になり，どういうときに，an になるのかを理解させる。 **T**：Look at **Step1**. Read the dialogues between Tom and Mike, and look for the rules of 'a' and 'an'. ・ペアにさせ，規則性を見つけさせる。 ・時間を4分程確保する。 【対話的・協働的な学び】
	②ルールを見つける。 （3分）	○ルールを探し出し，文章化する。 〈文法ルールの例〉 ・単語の最初の音が，母音（アイウエオ）と発音するとき，an になる。 【対話的・協働的な学び】
❷	ルールを出し合う。 ①近くの人と交流する。 （2分） ②クラス全体に広める。 （2分）	○近くの人と気づいたルールを話し合う。 **T**：Now, share your ideas with your group members. 【対話的・協働的な学び】 ○クラス全体の前で発表する。 【深い学び】
❸	振り返りを行う。（1分）	○活動を振り返る。 ・自ら活動の様子を振り返ることで，活動への取組を内省することができ，自ら学ぼうとする姿勢の向上をねらう。 【主体的な学び】

Worksheet

【冠詞】
これであなたも文法博士！
冠詞の a / an の使い分けの秘密を探ろう

Class (　　　) Number (　　　) Name (　　　　　　　　　　)

Step 1　次の英文を読んで，どういうときに a になるのか an になるのかその秘密を探ろう！

①

②

③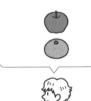

④

Step 2　気づいたルールを書いてみよう。

―― Let's reflect!　振り返ってみよう
①どんなルールがあるか一生懸命考えようとしましたか。【主体的な学び】　　5　4　3　2　1
②友達とアイデアを出し合い，課題の解決に迫りましたか。【対話的な学び】　　5　4　3　2　1
③冠詞の a と an の使い分けルールを，友達に説明ができそうですか。【深い学び】　5　4　3　2　1

027

How many?

7 いくつ持っているのかな？

How many CDs do you have? --- I have many CDs.

✔活動時間　約13分　　✔言語活動　話す・聞く　　✔AL の視点　対話的な学び

How many も小学校で学習します。しかし大きな違いは，小学校では，How many apples? で終わっていて，中学校では，How many apples do you have? という文となっている点です。本活動では，まず「持って（飼って）いるかどうか」を尋ね，その後，Yes, I do. と返答があったら，How many ... do you have? と尋ねるようにします。

【指導手順】 (INPUT) 気づき ➡ 理解 ➡ **内在化** ➡ 統合 (OUTPUT)

	学習内容	▶生徒の学習活動　●AL の視点　・留意点
❶	★活動内容を確認する。（3分） ①対話文を聞き取る。 ②表現及び単語練習をする。 ③対話文の口頭練習	▷**ワークシートの対話文を聞き，活動について理解する。** **T**：Now let's do an interview. ▷**便利な表現や，活動に必要な語彙を口頭練習する。** **T**：I'll tell you some useful expessions. First, many CDs **S**：many CDs（他，some, about, no ～ を指導しておく。） **T**：Let's take a look at the pictures. And repeat after me. ▷**活動で使う対話文を練習する。** **T**：Let's read the dialogue. Repeat after me.
❷	インタビューする。（5分）	○**インタビューを始める。** **T**：Now, I'll give you 5 minutes to ask your friends as many questions as possible. Stand up. Ready go. ・生徒は立って，友達のところに聞きに行く。 【対話的な学び】
❸	確認する。（4分）	○**何人に聞き取りができたか質問に答える。** **T**：How many friends did you talk to? ▷**習熟度の確認を行う。** **T**：O.K. I'll ask you questions. Do you have any brothers and sisters? **S₁**：Yes, I do. **T**：How many brothers and sisters do you have? **S₁**：I have one brother.　　　　　　　　【主体的な学び】
❹	振り返る。（1分）	○**活動を振り返る。**　　　　　　　　　　　　【主体的な学び】

028

Worksheet

【How many?】
いくつ持っているのかな？
How many CDs do you have? --- I have many CDs.

Class (　　) Number (　　) Name (　　　　　　　)

★次の会話の例にならい，友達と会話してみよう。

Tom : Do you have any pets?
Miki : Yes, I do.
Tom : How many pets do you have?
Miki : I have two dogs and one cat.

【Useful Expressions】

①たくさん… many ～　　　　　　②少し… some ～

③だいたい… about (10) ～　　　　④１つも持っていない… no ～

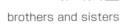

pets　　　brothers and sisters　　　comic books　　　video games

TVs　　　CDs　　　cars　　　watches

Let's reflect! 振り返ってみよう

①できるだけ多くの人に英語で話しかけましたか。【主体的な学び】　　　5 4 3 2 1
②１人になっている友達がいたら，声をかけようとしましたか。【対話的な学び】　　　5 4 3 2 1
③友達に尋ねることで，友達のことをよく知ることができましたか。【深い学び】　　　5 4 3 2 1

029

命令文

8 断るなら Give Up カードが あるうちにゲーム

✔活動時間　約10分　　✔言語活動　話す・聞く　　✔ALの視点　対話的な学び

命令文は，実際に生徒同士で，英語での命令文の言い合いをするといいです。そして命令して，やってもらったら○をします。○が縦，横，斜め1列揃うとビンゴになります。活動後，ビンゴになった数を確認し，1ビンゴ5点で活動のポイントとして与えるなどします。そして最終的には「命令文は動詞から始める」という規則に，気づかせるようにします。

【指導手順】 INPUT ⇒ 気づき ⇒ 理解 ⇒ **内在化** ⇒ 統合 OUTPUT

	学習内容	▶生徒の学習活動　●ALの視点　・留意点
❶	**Step1** を行う。 動詞を口頭練習する。 （2分）	▷活動で使う動詞の発音の仕方と意味を確認する。 T : Look at the pictures on the worksheet and repeat after me. ・ワークシートの **Step1** の動詞を教師の後に繰り返させる。
❷	**Step2** を行う。 ①やり方を理解する。 （1分）	▷やり方を理解する。 T : You stand up and play *janken* with your friend. The winner can order "Jump high". The loser must do it. Then encircle the picture which you ordered. ・ジェスチャーをつけながら，説明する。
	②命令ゲームをする。 （4分）	○命令ゲームをする。 T : Stand up, everyone. Now, go to your friends and do *janken*. Winners can order. The losers follow the orders. Let's start. ・必要に応じ，実際に近くの生徒とやってみて，見本を見せるとよい。 ・自由に立って，友達とジャンケンをする。勝ったら相手に命令をする。負けた人は命令に従う。でも，もしいやなら Give Up カードを使って拒否をする。やってもらったら絵に○をしておく。 【対話的な学び】
❸	まとめる。 命令文の文構造について理解する。（2分）	○肯定文と命令文を見て，2つの違いを生徒に気づかせる。 ・命令文は主語がない。 【深い学び】
❹	振り返る。（1分）	○活動を振り返る。　　　　　　　　　　　　　【主体的な学び】

Worksheet

【命令文】
断るなら Give Up カードが あるうちにゲーム

Class (　　) Number (　　) Name (　　　　　　　　)

Step 1　次の動詞をすらすら言えるように練習しよう。

Step 2　友達とジャンケンします。勝った人は1つ相手に命令できます。負けた人は，命令に従おう。ただし，どうしてもやりたくなければ，4回だけは Give Up カードを用いて拒否することができるよ。1回使ったら，Give Up カードを斜線で消そう。

| Give Up | Give Up | Give Up | Give Up |

― Let's reflect!　振り返ってみよう

①積極的に英語を使おうとしましたか。【主体的な学び】　　　5 4 3 2 1
②命令文ゲームで友達に命令することができましたか。【対話的な学び】　5 4 3 2 1
③命令文の作り方を友達に説明することができますか。【深い学び】　5 4 3 2 1

前置詞

9 間違い探し
Spot the Difference!

✔ 活動時間　約15分　　✔ 言語活動　話す・聞く・書く　　✔ AL の視点　対話的な学び

今回は，タスク型の活動を提示します。今回のタスクは間違い探しです。「〜が…にある」という前置詞の活動です。お互いの生徒が口頭のみで行うことで，必然的に「話す・聞く」の活動が保証されます。ここで期待する前置詞は，on（〜の上に），under（〜の下に），behind（〜の向こう側に），by（〜のそばに），in（〜の中に），in front of（〜の前に）です。

【指導手順】　INPUT　　気づき ➡ 理解 ➡ 内在化 ➡ **統合**　OUTPUT

	学習内容	▶生徒の学習活動　　● AL の視点　　・留意点
❶	★活動内容を確認する。 ①間違い探し（7分）	○カードは見せ合わず，英語だけを使って間違いを探す。 **T**：I'll give you a card. But don't show it to your pair. ・AカードとBカードはそれぞれ色の違う紙に印刷する。 **T**：There are 9 differences between your card and your partner's. 　　Spot the differences and share the differences. ・例示として，黒板に示しながら，やり方を教える。 <table><tr><td>＜約束＞　①友達と協力して間違いを探す。 　　　　　②必ず英語を使って探す。</td></tr></table> **S₁**：Five pens are on the desk. **S₂**：Really? Six pens are on the desk on my card. **S₁**：That's a difference. 　　　　　　　　　　　　　　　　【対話的・協働的な学び】
	②答え合わせ（4分）	○間違いを発表する。 ・指名をせず，自発的な発表を促す。　　　【主体的な学び】
❷	★英文を書く。 カードを見て，文を5つ以上書く。（3分）	▷カードを見て，文を5つ以上書く。 **T**：Look at your card. Write 5 sentences such as "Three books are on the desk. A guitar is by the door. Flowers are in front of the window." ・ノートに書かせる。 ・5つ書けた生徒は，ノートを持って来させる。 ・口頭で言ったものを書くことで正確さを確認する。
❸	振り返る。（1分）	○活動を振り返る。　　　　　　　　　　　【主体的な学び】

032

Worksheet

Card A Spot the Difference!

Class (　　　) Number (　　　) Name (　　　　　　　　　)

★友達と間違い探しをしよう。 A book is on the desk. Two cats are under the bed.
A picture is on the wall. 等の表現を使って、9つの間違いを探そう。

Card B Spot the Difference!

Class (　　　) Number (　　　) Name (　　　　　　　　　)

★友達と間違い探しをしよう。 A book is on the desk. Two cats are under the bed.
A picture is on the wall. 等の表現を使って、9つの間違いを探そう。

033

be 動詞（肯定文）

10 ３ヒントクイズ！①
ヒントを聞いて当てっこしよう

✔活動時間　約16分　　✔言語活動　話す・聞く　　✔AL の視点　対話的な学び

3　ヒントクイズは，英語学習の定番ゲームです。これは「聞くこと」を活動の主なねらいとして行われますが，相手が誰だかわかったときに，ただ "Elephant!" と言って当てるのではなく，You are an elephant.（または疑問文で Are you an elephant?）と You are をつけて言わせたいです。３ヒントクイズを行いながら，相手を当てるときの学習技能を兼ねての学習となります。

【指導手順】　INPUT　　気づき　➡　理解　➡　内在化　➡　統合　　OUTPUT

	学習内容	▶生徒の学習活動　●AL の視点　・留意点
❶	**Step1** を行う。 ①３ヒントクイズのやり方を理解する。（2分）	▷やり方を理解する。 **T**：I'll give you 3 hint quizzes. I'll tell you a first hint of Quiz 1. If you know the answer, write it in the box, Hint 1. Then I'll tell you a second hint. If you can guess correctly on the first hint, you can get 10 points. On the second hint, 5 points. And on the final hint, 3 points. And if you didn't get the right answer, you have minus one point.
	②クイズを出す。（5分）	▷ヒントを出し，生徒に類推させる。

		Quiz 1	Quiz 2	Quiz 3	Quiz 4
Hint 1		I am a big animal.	I am a cute animal.	I am a fruit.	I am a vegetable.
Hint 2		I live in Africa.	I jump and run.	I am round.	I am long.
Hint 3		I have a long nose.	I have long ears.	I am red or green.	I am green.

	学習内容	▶生徒の学習活動
❷	**Step2** を行う。 ①３ヒントクイズのやり方を理解する。（2分）	▷ペアでの３ヒントクイズのやり方を理解する。 **T**：Make pairs. I'll give you one minute to do the 3 hint quizzes with your partner. If your partner can guess the right answer, put a check marker near the pictures like this (✔).
	②３ヒントクイズをする。 （2分×3回＝6分）	○ペアで３ヒントクイズをする。 ・１分間は１人が連続してクイズを出し，もう１人が答える。その後，交代し行う。お互いの当たったところの得点の累計がポイントとなる。２回目以降はペアを変える。 ・どうしても当たらないときには，"I'll pass." と言って，次に進む。　　　　　　　　　　　　　　　　　　　　　　　　　　【対話的な学び】
❸	振り返る。（1分）	○活動を振り返る。　　　　　　　　　　　　　　　　【主体的な学び】

Worksheet

【be動詞（肯定文）】
3ヒントクイズ！①
ヒントを聞いて当てっこしよう

Class (　　) Number (　　) Name (　　　　　　　　)

Step 1　先生が出す3つのヒントを聞いて，それが何だか当ててね。第1ヒントで当たれば10点。第2ヒントだと5点。第3ヒントだと3点。当たらなかったらマイナス1点だよ。

	Quiz 1	Quiz 2	Quiz 3	Quiz 4
Hint 1　（10点）				
Hint 2　（5点）				
Hint 3　（3点）				

Step 2　今度はペアでクイズを出し合おう。片方がクイズを出し，もう片方が答えてね。1分間行おう。当たったものには，✔をつけ，メモしておこう。1分経ったら交代。最終的にお互いの得点を合計したものが，あなたの得点になるよ。高得点をめざし，2人で協力しよう！
　当てるときには，"You are an apple."のように言おう！

〈得点〉　第1回（　　　　　）　第2回（　　　　　　）　第3回（　　　　　　　）

Let's reflect!　振り返ってみよう
①積極的に英語を使おうとしましたか。【主体的な学び】　　　　　　　5　4　3　2　1
②友達の英語をよく聞いて，理解しようとしましたか。【対話的な学び】　5　4　3　2　1
③どういうときに，amやareを使うか友達に説明できますか。【深い学び】　5　4　3　2　1

be 動詞（疑問文）

11 ３ヒントクイズ！②
Are you 〜？を使って当てよう

✔活動時間　約16分　　✔言語活動　話す・聞く　　✔AL の視点　対話的な学び

技　能は繰り返すことで身に付けていきます。今回は，相手に質問し，答えを絞っていく，「スーパー３ヒントクイズ」です。最初に，ALT が何かになりきり，JTE が質問していきます。生徒は２人の会話を聞いて，ALT が何だか当てるゲームです。その後，それを生徒同士ペアで行います。それにより Are you？という表現や既習の Do you？ を使わせることができます。

【指導手順】　(INPUT)　気づき ➡ 理解 ➡ 内在化 ➡ **統合** (OUTPUT)

	学習内容	▶生徒の学習活動　● AL の視点　・留意点
❶	**Step1** を行う。 ①スーパー３ヒントクイズを理解する。（２分） ②スーパー３ヒントクイズを聞く。（５分）	▷やり方を理解する。（ALT との TT を想定） T：Now, let's enjoy SUPER 3 hints quiz. I'll ask the ALT some questions and she answers them. So, listen to the dialogue and guess who she is. 　　For example, （と言って実際にやって例を示す。） Hint 1　JTE：Are you an animal?　ALT：Yes, I am. Hint 2　JTE：Are you cute?　ALT：Yes, I am. 　　　　JTE：Are you big?　ALT：<u>No, I'm not. I'm medium.</u> ・No, I'm not. や No, I don't. のように，No という返答をした場合には，何か１文つけるように ALT に伝えておく。 Hint 3　JTE：Do you live in Australia?　 ALT：Yes, I do. ▷スーパー３ヒントクイズを行う。 ・生徒は JTE と ALT の対話を聞いて，答えを絞っていく。
❷	**Step2** を行う。 ①スーパー３ヒントクイズのやり方を理解する。 （２分）	▷ペアでのスーパー３ヒントクイズのやり方を理解する。 T：Make pairs. I'll give you one minute and half to ask as many questions as you can, and guess what your partner is. But don't only ask questions like: Are you a monkey? Are you a tiger? Are you a rabbit?
	②スーパー３ヒントクイズをする。 （３分×２回＝６分）	○スーパー３ヒントクイズをする。 ・１分〜１分半時間をとり，１人が相手に連続して質問し，相手が何だか当てる。どうしても当たらないときには，"I'll pass." と言って，次に進む。　　　　　　　　　　　　　　【対話的な学び】
❸	振り返る。（１分）	○活動を振り返る。　　　　　　　　　　　　　　　　【主体的な学び】

036

Worksheet

【be動詞（疑問文）】
3ヒントクイズ！②
Are you ～? を使って当てよう

Class (　　　) Number (　　　) Name (　　　　　　　　　)

Step 1　今から，ALTの先生があるものになりきります。先生とALTの先生の話を聞いて，ALTの先生が何になったのか当ててね。

No.1 (　　　　　) No.2 (　　　　　　) No.3 (　　　　　　) No.4 (　　　　　　)

Step 2　今度はペアでクイズを出し合います。右の活動例のように，片方が相手に質問し，相手の答えを聞きながら，相手が誰だか当てていくクイズです。当たったものには，✔をつけ，メモしておこう。お互いの得点を合計したものが，あなたの得点になるよ。高得点をめざし，2人で協力しよう！

<活動例>
A : Are you an animal?　　B : No, I'm not.
A : Are you a vegetable?　　B : Yes, I am.
A : Are you red?　　B : No, I'm not.
A : Are you green?　　B : Yes, I am.
A : Are you a cucumber?　　B : Yes, I am.

〈得点〉第1回 (　　　　　)　　第2回 (　　　　　　)　　第3回 (　　　　　　)

	fruits	vegetables	animals
1点			
2点			
3点			
4点			

Let's reflect!　振り返ってみよう

①積極的に英語を使おうとしましたか。【主体的な学び】　　　　　　　　5 4 3 2 1
②友達の英語をよく聞いて，理解しようとしましたか。【対話的な学び】　　5 4 3 2 1
③どういうときに，Are you ～? を使うか説明できますか。【深い学び】　　5 4 3 2 1

037

be 動詞（否定文）

12 I'm not で伝えよう

I'm not .... を使って当ててもらおう

✔ 活動時間　約13分　　✔ 言語活動　話す・聞く　　✔ AL の視点　対話的な学び

否定文は肯定文に比べ，使用頻度は少ないです。そこでできるだけ無理をしてでも使う場面を設定し，否定の言い方に慣れさせます。そこでヒントクイズを「否定文だけで伝えよう」として，I'm not a fruit. I'm not a vegetable. I'm not big. I'm not small. I'm not black and white. I'm not red. I don't live in the ocean. とヒントを出していきます。答えをワークシートの絵の中から選びます。

【指導手順】 (INPUT) 気づき ⇒ 理解 ⇒ 内在化 ⇒ 統合 (OUTPUT)

	学習内容	▶生徒の学習活動　● AL の視点　・留意点
❶	**Step 1** を行う。 スーパー3ヒントクイズを理解する。（2分）	▷やり方を理解する。 **T**：Now, I'll give you super 3 hints quiz. Guess who I am. I'm not a food. I'm not small. I don't have a long neck. I don't have a long nose. **S**：You are a hippo. **T**：That's right. ・教師のスーパー3ヒントクイズで使った表現を黒板に書いておく。
❷	**Step 2** を行う。 スーパー3ヒントクイズをする。（10分）	○ペアでスーパー3ヒントクイズをする。 **T**：This line, stand up. ・クイズを出す人を立たせる。 ・否定形だけで相手に通じさせる。 **T**：Now, you give your partner some hints. How many quizzes can your partner answer correctly? ・1分〜1分半時間をとり，連続して否定形で言い，自分が何になりきったのか，当ててもらう。 ・どうしても当たらないときには，"I'll pass." と言って，次に進む。 ・時間があれば，生徒の実態に応じ，誰か1人を前に出し，なりきるものを与え，クラスワークとして取組んでもよい。 【対話的な学び】
❸	振り返る。（1分）	○活動を振り返る。　　　　　　　　　　　　　【主体的な学び】

038

Worksheet

【be 動詞（否定文）】
I'm not で伝えよう
I'm not .... を使って当ててもらおう

Class (　　) Number (　　) Name (　　　　　　　)

Step 1　先生のヒントを聞いて，先生が何になりきったか，当ててね。
No.1 (　　　　) No.2 (　　　　) No.3 (　　　　) No.4 (　　　　)

Step 2　絵の中からなりきるものを選ぼう。友達に，I'm not .... や，I don't have / live in という否定の表現だけで伝え，あなたが何になったのかを当ててもらおう。

	動物 (animals)		果物 (fruits)・野菜 (vegetables)	
1点	象	コアラ	スイカ	ナス
2点	パンダ	カンガルー	リンゴ	キュウリ
3点	アリ	キリン	ブドウ	ダイコン
4点	イルカ	ヘビ	モモ	トマト
5点	カバ	タコ	オレンジ	ニンジン

Let's reflect!　振り返ってみよう

①積極的に英語を使おうとしましたか。【主体的な学び】　　　　5 4 3 2 1
②友達の英語をよく聞いて，理解しようとしましたか。【対話的な学び】　5 4 3 2 1
③否定形を使って，表現できるようになりましたか。【深い学び】　5 4 3 2 1

039

疑問詞 What

13 何ですか？ vs 何を○○しますか？

✔ 活動時間　約15分　　✔ 言語活動　話す・聞く　　✔AL の視点　対話的な学び

疑問詞で複雑にしているのは，be 動詞と一般動詞を用いたときの疑問詞の「文構造」に違いがあるからです。そこでこの2つを明確に区別するために，両者を比較しながら指導していきます。
ポイントは，「何ですか」というときと「何を○○しますか」と「○○」が入るところです。他の疑問詞も同様に行い，繰り返す中で内在化を図ります。

【指導手順】　(INPUT)　気づき ➡ 理解 ➡ 内在化 ➡ 統合　(OUTPUT)

	学習内容	▶生徒の学習活動　●AL の視点　・留意点
❶	**Step1** を行う。 What is ～? を使って，ものを尋ねる。（4分）	○近くのものを指さして，友達に英語で尋ねる。 **T**：Ask your friends, "What's this?" while pointing at something. Answer with:"It's a ～". I'll give you one minute. Then count how many items your partner can answer in one minute. Ready? ・生徒はペアになり，1人が What's this? と質問し，もう1人が，それに答える。1分間でいくつ答えられたか，記録しておく。およそ6，7個と予想する。 【対話的な学び】
❷	**Step2** を行う。 What do you ～? を使って質問する。 ①語彙を練習する。（3分） ②活動を理解する。（2分）	▷**語彙を練習する。** **T**：Look at the pictures and repeat after me. take a bath **S**：take a bath ...（他，語彙の意味を確認しながら，発音する。） ▷**夕食前や夕食後にすることを言う。** **T**：Before dinner, what do you do? **S₁**：I take a bath.　**S₂**：I go to *juku*. **T**：After dinner, what do you do? **S₁**：I watch TV.　**S₂**：I play the piano.
	③インタビューする。 （5分）	○夕食前や夕食後にすることを友達に尋ね，何をすることが多いのか調査する。 ・生徒は尋ねながら，イラストの右上に，何をすることが多いのか正の文字でメモしていく。　【対話的な学び】
❸	振り返る。（1分）	○活動を振り返る。　【主体的な学び】

040

Worksheet

【疑問詞 What】

何ですか？ vs 何を○○しますか？

Class (　　) Number (　　) Name (　　　　　　　　)

What is 〜? --- It's 〜.

Step 1　身近なものを指さして，友達に"What's this?"（これはな〜に？）と聞いてみよう。時間内にいくつ答えられるかな？

例）A：What is this?　　B：It's a pen case.

第1回目（あなた：＿＿＿＿個　友達：＿＿＿＿個）

第2回目（あなた：＿＿＿＿個　友達：＿＿＿＿個）

What do you 〜? --- I ....

Step 2　夕食前や夕食後に何をすることが多いのか調査しよう。

例）A：What do you do before dinner?　　B：I do my homework.
　　A：What do you do after dinner?　　　B：I watch TV and study.

— Let's reflect! 振り返ってみよう

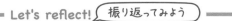

①積極的に英語を使おうとしましたか。【主体的な学び】　　　　　　　　　　　　　5 4 3 2 1
②夕食前後に何をするのか尋ね合うことができましたか。【対話的な学び】　　　　　5 4 3 2 1
③ What is 〜? と What do you 〜? の使い分けを友達に説明できますか。【深い学び】 5 4 3 2 1

疑問詞 Who

14 誰ですか？ vs 誰が（と）○○ しますか？

✔ 活動時間　約10分　　✔ 言語活動　話す・聞く　　✔ AL の視点　対話的な学び

Who is this? では，写真やイラスト，またイラストの一部を隠して「この人誰？」と導入したり，教師の後ろ姿を見せたりして導入することができます。また，意外と知らないであろう歴史的人物の似顔絵を見せ，誰であるのか答えさせると，英語が苦手な生徒でも，授業で活躍できる場面が生まれますので，幅広く話題を見つけ，授業で活用していきたいです。

【指導手順】　(INPUT)　気づき ➡ 理解 ➡ 内在化 ➡ 統合　(OUTPUT)

	学習内容	▶生徒の学習活動　● AL の視点　・留意点
❶	**Step 1** を行う。 Who is 〜? を使って，歴史的人物を尋ねる。（4分）	○歴史的人物の名前を友達に英語で尋ねる。 **T**：Ask your friends, "Who's this?" while pointing at the person. Answer with: "That's 〜 ". How many historical persons can your partner answer? **S₁**：Who's this?　　　　　**S₂**：I don't know. Who is that? **S₁**：That's Shotoku-taisi.　**S₂**：Thank you. ・生徒はペアになり，Who's this? と質問する。1分間でいくつ答えられたか，記録しておく。　　　　　　【対話的な学び】
❷	**Step 2** を行う。 Who do you 〜? を使って質問する。 ① Who do you 〜? の2つの言い方を理解する。 （2分）	▷ **Who do you 〜? と Who do you 〜 with? の2種類の言い方を学ぶ。** **T**：There are two patterns using "Who do you 〜?". One is "Who do you …?" such as "Who do you like?" 誰が好き？ or "Who do you know?" 誰を知っている？. The other one is 誰と〜しますか？ "Who do you 〜 with?". At the end of the sentence, you add 'with'.
	②友達に質問する。（3分）	○**ワークシートにある質問を友達にしながら，質問例を学ぶ。** **T**：Look at the worksheet. Ask your friends. After that, you write sentences about your friends. ・3単現を学習済みであれば，インタビューした内容をノートに書かせる。　　　　　　【対話的な学び】
❸	振り返る。（1分）	○**活動を振り返る。** ・Who の使い分けを理解させる。　　　　　　【主体的な学び】

042

Worksheet

【疑問詞 Who】

誰ですか？ vs 誰が（と）○○しますか？

Class (　　) Number (　　) Name (　　　　　　　　)

Who is ～? --- That's ....

Step 1　あなたは歴史的人物をどのくらい知っていますか？　友達に尋ねてみよう。

例）　A：Who is this?　B：I know.　That's .... (B：I don't know.　Who's that?)

A	B	C	D	E
F	G	H	I	J

Step 2　次の質問を友達にしてみよう。その後，聞いた内容をノートに書こう。

Who do you ～?	Who do you ～ with?
（誰が～ですか？）	（誰と～しますか？）
例）Who do you like in AKB48?	例）Who do you come to school with?
--- I like .... / I have no favorites.	--- I come to school with .... / I come alone.
□1　Who do you like in comedian?	□1　Who do you eat school lunch with?
□2　Who do you like in historical people?	□2　Who do you play (　　) with?

- Let's reflect!　振り返ってみよう
①積極的に英語を使おうとしましたか。【主体的な学び】　　　　　　　　　　　5　4　3　2　1
②Who を使って，友達に尋ねることができましたか。【対話的な学び】　　　　5　4　3　2　1
③Who is ～? と Who do you ～? の使い分けを友達に説明できますか。【深い学び】　5　4　3　2　1

043

疑問詞 Where

15 どこ？vs どこで○○しますか？

✔ 活動時間　約10分　　✔ 言語活動　話す・聞く　　✔ AL の視点　対話的な学び

Where is ～? では，例えば，AさんとBさんでは，それぞれ違う絵が描いてあるカードを手にし，お互いの情報を合わせると絵が完成するという活動が考えられますが，前回の歴史的人物に引き続き，世界遺産を題材としました。また，Where do you ～? では，「どこで…を買いますか？」という形で自己表現を目指しました。

【指導手順】 （INPUT） 気づき ➡ 理解 ➡ 内在化 ➡ 統合 （OUTPUT）

	学習内容	▶生徒の学習活動　●AL の視点　・留意点
❶	**Step1** を行う。世界遺産の言い方を理解する。	▷世界遺産の名前，言い方を理解する。 ・必要に応じて，写真等を見せる。
	Where is ～? を使って，世界遺産がある場所を尋ねる。（4分）	○世界遺産がどこにあるのか友達に英語で尋ねる。 T：Ask your friends. For example, "Where is Ayers Rock?" "It's in …." How many world heritages can your partner answer? ・生徒はペアになり，Where is …? と質問する。 【対話的な学び】 【Step1 の答え】❶ Australia ❷ Brazil ❸ Peru ❹ the U.S.A. ❺ France ❻ Egypt ❼ Cambodia ❽ China ❾ England ❿ Italy
❷	**Step2** を行う。Where do you ～? を使って質問する。 ①どこで何を買うかの言い方を理解する。（2分）	▷ **Where do you ～?** の言い方を学ぶ。 T："～はどこにありますか？" is "Where is …?", but "あなたはどこで～しますか？" is "Where do you …?" For example, I like reading books. I buy books at Kumazawa bookstore. Where do you buy books? S：I buy books at Murakami bookstore.
	②友達に質問する。（3分）	○ワークシートにある質問を友達にしながら，質問例を学ぶ。 T：Look at the worksheet. Ask your friends. Where do your friends buy clothes?　　【対話的な学び】
❸	振り返る。（1分）	○活動を振り返る。 ・Where の使い分けを理解させる。　　【主体的な学び】

044

Worksheet

【疑問詞 Where】

どこ？ vs どこで○○しますか？

Class (　　) Number (　　) Name (　　　　　　　　　)

Where is ～?

Step1　あなたは世界遺産がどこにあるか知っていますか？
　あなたの知っている世界遺産を指さしながら，知っているかどうか尋ねてみよう。

例）A：Where is Ayers Rock?　B：It's in (　　　). / I don't know. Where is it?

❶ Ayers Rock	❷ Iguazu Falls	❸ Machu Picchu	❹ Grand Canyon	❺ Mont Saint-Michel
❻ Pyramid	❼ Angkor Wat	❽ Great Walls	❾ Tower of London	❿ Leaning Tower of Pisa

Where do you ～?

Step2　友達はどこで買い物をしますか？　例にならって英語で聞いてみよう。

例）　A：Where do you buy books?
　　　B：I buy books at the Kumazawa bookstore. How about you?
　　　A：I buy books at Junku-do.

	books (本)	clothes (洋服)	stationery (文房具)	grocery (食材)	drinks (飲み物)
あなた					

Let's reflect!　振り返ってみよう

①積極的に英語を使おうとしましたか。【主体的な学び】　　　　　　　　　　5 4 3 2 1
② Where を使って，友達に尋ねることができましたか。【対話的な学び】　　5 4 3 2 1
③ Where is ～? と Where do you ～? の使い分けを友達に説明できますか。【深い学び】5 4 3 2 1

045

疑問詞 When

16 いつですか？ vs いつ○○しますか？

✔ 活動時間　約10分　　✔ 言語活動　話す・聞く　　✔ AL の視点　対話的な学び

Ｗhen is 〜? の活動の定番は，友達の誕生日を尋ねたり，国民の祝日やお祭りなどを尋ねたりする場面が想定できます。しかし，友達の誕生日を尋ね合うのは，小学校で学習済みですし，今回は，キャラクターの誕生日を尋ね合う方法をとることとしました。また，When do you 〜? が使われる場面も少ないので，お風呂にいつ入るのか尋ねる活動で内在化を図ります。

【指導手順】　(INPUT)　気づき　➡　理解　➡　内在化　➡　統合　(OUTPUT)

	学習内容	▶生徒の学習活動　● AL の視点　・留意点
❶	**Step1** を行う。 When is 〜? を使って，キャラクターの誕生日を線で結ぶ。（4分）	○キャラクターの誕生日を尋ね合う。 **T**：Ask your friends, "When is ...'s birthday?" and connect the dots. ・ワークシートを人数分印刷した後，例えばサザエさんの誕生日がわかるように線を引いておく。それをドラえもんやハローキティなど，他のバージョンも線を引いておき，合計，8種類作っておく。　　　　　　　　　　　　　　　　【対話的な学び】 ❶ Doraemon　・　　　　　　・ November 1 ❷ Kitty White　・　　　　　　・ November 18 ❸ Micky Mouse　・　　　　　　・ September 3 ❹ Minnie Mouse　・　　　　　　・ November 22 ❺ Wiinie the Pooh　・　　　　　　・ April 3 ❻ Sazae san　・　　　　　　・ May 4 ❼ Masuo san　・　　　　　　・ August 21 ❽ Conan　・　　　　　　・ November 18 【Step1 の答え】❶9月3日　❷11月1日　❸11月18日　❹11月18日 ❺8月21日　❻11月22日　❼4月3日　❽5月4日
❷	**Step2** を行う。 When do you 〜? を使って質問する。（5分）	○いつお風呂に入るのか英語で尋ね，棒グラフを完成させる。 **T**：Look at the worksheet. Ask your friends, "When do you take a bath?", then make the graph. 　　　　　　　　　　　　　　　　　　　【対話的な学び】
❸	振り返る。（1分）	○活動を振り返る。　　　　　　　　　　　【主体的な学び】

046

【疑問詞 When】

いつですか？ VS いつ◯◯しますか？

Class (   ) Number (   ) Name (   )

When is ～?

Step1　あなたはキャラクターの誕生日がいつか知っていますか？　例にならって友達に尋ね，キャラクターと誕生日を線で結ぼう。

　例）　A：When is Winnie the Pooh's birthday?

　　　　B：It's August 21.　(B：Sorry, I don't know.)

❶ Doraemon　　　　　●	●	November 1
❷ Kitty White　　　　●	●	November 18
❸ Micky Mouse　　　●	●	September 3
❹ Minnie Mouse　　●	●	November 22
❺ Wiinie the Pooh　●	●	April 3
❻ Sazae san　　　　●	●	May 4
❼ Masuo san　　　　●	●	August 21
❽ Conan　　　　　　●	●	November 18

When do you ～?

Step2　あなたはいつお風呂に入りますか？　夕食前？　夕食後？　どっちが多いのだろう？　友達に尋ねながら，グラフを完成させてみよう。

　例）　A：When do you take a bath?

　　　　B：I take a bath before dinner. When do you take a bath?

	1　　　　　5　　　　　　　　10　　　　　　　15
Before dinner	
After dinner	

― Let's reflect! 〔振り返ってみよう〕

①積極的に英語を使おうとしましたか。【主体的な学び】　　　　　　　　　5　4　3　2　1

② When を使って，友達に尋ねることができましたか。【対話的な学び】　　5　4　3　2　1

③ When is ～? と When do you ～? の使い分けを友達に説明できますか。【深い学び】5　4　3　2　1

疑問詞 How

どうですか？ vs どのようにしますか？

✔ 活動時間　約10分　　✔ 言語活動　話す・聞く　　✔ AL の視点　対話的な学び

How を扱った英文も，How is / are 〜？と How do you 〜？等の英文とで，生徒は混乱を起こします。また，How に関しては，How long や How tall, How many, How old 等の語句で使うことも多く，時間をかけて習熟させたい疑問詞でもあります。今回は最後のステップで，漢字を尋ねる場面を想定しました。発展として，自分たちでクイズが出せるとよいと思います。

【指導手順】　INPUT　→　気づき　→　理解　→　内在化　→　統合　→　OUTPUT

	学習内容	▶生徒の学習活動　●AL の視点　・留意点
❶	**Step1** を行う。 相手の様子を英語で尋ねる。 （4分）	○ How + be 動詞の使い方を理解する。 T : How are you today? Let's choose one of the feelings on the worksheet. A-san, how are you today? A : I'm sleepy. ・How are you? の表現は慣れているので，ここでは，感じ方の表現（語彙）を増やすことをねらいとする。 【対話的な学び】
❷	**Step2** を行う。 How do you 〜？の質問パターンを学ぶ。（2分）	▷ How do you 〜？が使われる場面を知る。 T : Look at the worksheet. No.1 How do you come to school? --- What's the answer? S : I come to school by bike. T : That's right. Now, connect the dots. 　 Let's read and connect the dots from No.2 to No.5. I'll give 2 minutes.
❸	**Step3** を行う。 漢字の読み方を尋ねる。 （3分）	○漢字をどう読むのか How do you 〜？を使って尋ね合う。 T : How do you read this *kanji*? 鯨　　S : I know. It's クジラ. T : Now, walk around the classroom and ask your friends. 【対話的な学び】 【Step3 の答え】くじら・あゆ・かぼちゃ・すいか・かば・ばら・ 　　　　　　　　ふぐ・さんま・かたつむり・さすが・へちま
❹	振り返る。（1分）	○活動を振り返る。　　　　　　　　　　　　　　　【主体的な学び】

Worksheet

【疑問詞 How】

どうですか？ vs どのようにしますか？

Class (　　) Number (　　) Name (　　　　　　　　)

How is / are ～?

Step 1　今日のあなたの状態は次のうちどれかな？　友達にも聞いてみよう。

How do you ～?

Step 2　左側の質問文に適する右側の答えの文を線で結んでみよう。

〈質問文〉　　　　　　　　　　　　　　　　　　　　〈答えの文〉

How	do you	① **come** to school?
		② **pronounce**?〈math〉
		③ **like** sushi?
		④ **say** '腹減った' in English?
		⑤ **read** this *kanji*?〈海豚〉

- It's イルカ.
- It's 'hungry'.
- I come to school by bike.
- It's 'math [mæθ]'.
- I like it.

How do you ～?

Step 3　次の漢字が読めるか友達に尋ねてみよう。How do you read this *kanji*?

| 鯨 | 鮎 | 南瓜 | 西瓜 | 河馬 | 薔薇 |
| 河豚 | 秋刀魚 | 蝸牛 | 流石 | 糸瓜 |

― Let's reflect!　振り返ってみよう

① 積極的に英語を使おうとしましたか。【主体的な学び】　　　　　　　5　4　3　2　1
② How を使って，友達に尋ねることができましたか。【対話的な学び】　5　4　3　2　1
③ How is / are ～? と How do you ～? の使い分けを友達に説明できますか。【深い学び】　5　4　3　2　1

049

3人称単数現在形（肯定文）

18 あなたの記憶力に挑戦！

✔ 活動時間　約10分　　✔ 言語活動　話す・聞く・書く　　✔ AL の視点　対話的な学び

インタビューをした後に「さあ，誰が何が好きだったか書いてごらん。」と言われると「あれ？」となります。なぜなら生徒はただ，What fruit do you like? What fruit do you like? と友達に尋ねて歩き，誰が何が好きかは興味はないからです。しかし，本来のコミュニケーションは，相手のことを知るために行います。たまにはこんなサプライズもいいのでは！

【指導手順】　(INPUT) 気づき ➡ 理解 ➡ 内在化 ➡ **統合** (OUTPUT)

	学習内容	▶生徒の学習活動　●AL の視点　・留意点
❶	★活動内容を理解する。 ①活動のねらいを確認する。 （1分）	今回はワークシートは最初から配付しない。 ○本時の活動内容を理解する。 T：Today you ask your friends, "What fruit do you like?" as many times as possible. ・使用する文型を黒板に書き，生徒は数回，繰り返す。 【主体的な学び】
	②尋ね合う。（3分）	○インタビューする。 T：Now, it's time to ask your friends. できるだけ多くの人にインタビューしましょう。You must ask 10 or more people. 目標は10人以上！ Ten or more. You have two minutes to ask. 時間は2分！ Stand up. Ready go. 【対話的な学び】
❷	★ワークシートに書く。 3単現のsを使って，誰が何が好きだったか思い出して書く。（3分）	○ワークシートを配付し，誰がどんな果物が好きだったか，思い出して書く。 T：Now, do you remember who likes what fruits? 　　Write as much as you remember. ・自分と相手以外の単数は，動詞にsがつくことを理解させる。 【主体的な学び】
❸	振り返る。（1分）	○活動を振り返る。　　　　　　　　　　　　　　【主体的な学び】

・この活動の後に，好きな果物で「占い」ができます。活動の後の楽しさも生徒に味わわせたいです。

〈参照〉拙著『授業を100倍面白くする！中学校英文法パズル＆クイズ』明治図書

━ Worksheet ━

【3人称単数現在形（肯定文）】

あなたの記憶力に挑戦！

Class (　　　) Number (　　　) Name (　　　　　　　　)

★誰がどんな果物が好きだったか，思い出して，例にならって書いてみよう。

例）Taku likes pineapples.

① _____

② _____

③ _____

④ _____

⑤ _____

⑥ _____

⑦ _____

⑧ _____

⑨ _____

⑩ _____

【 Word Bank 】

□リンゴ（apple）　□オレンジ（orange）　□ぶどう（grapes）　□いちご（strawberry）

□スイカ（watermelon）　□メロン（melon）　□梨（pear）　□パイナップル（pineapple）

□バナナ（banana）　□桃（peach）　□サクランボ（cherries）　□マンゴー（mango）

― Let's reflect! 振り返ってみよう ―

①自分から積極的に英語を使おうとしましたか。【主体的な学び】　　5　4　3　2　1

②インタビューした後の報告の仕方がわかりましたか。【対話的な学び】　5　4　3　2　1

③どういうときに3単現のsを使うのか友達に説明できますか。【深い学び】　5　4　3　2　1

3人称単数現在形（疑問文）

19 友達クイズを作ろう！①

✔活動時間　約30分　　✔言語活動　話す・聞く・書く　　✔ALの視点　対話的な学び

3 　単現の疑問文が使われる場面ってどんなときかと考えると，第三者に質問する場面がなかなか教室内には設定できないという悩みがあります。疑似的にゲームや絵を見せての口頭練習でもいいのですが，「友達クイズを作ろう」というタスクを準備し，その中で，疑問文のDoes 〜? やWhat ... does? 等を使わせようと試みました。最初は，教師からのキティクイズから始めます。

【指導手順】　(INPUT) 　気づき　➡　理解　➡　内在化　➡　**統合**　(OUTPUT)

学習内容	▶生徒の学習活動　　●ALの視点　　・留意点
❶ **Step1** を行う。 ①クイズに答える。（5分）	○キティ（本名 Kitty White）クイズに，ペアで答えを探す。 **T**：I'll give you a quiz about my friend, Kitty White. Answer the seven quizzes with your partners. ・クイズの答えをペアで相談しながら書く。 　　　　　　　　　　　　　　　　　　　　　【対話的・協働的な学び】
②答えを確認する。（4分）	▶答え合わせをする。 Quiz 1　No, she doesn't. But she has a twin sister. Quiz 2　Yes, she does. Her boy friend is Daniel Star. Quiz 3　She likes apple pie. Her mother makes it. Quiz 4　She comes from London. Quiz 5　No, she doesn't. She likes tennis. Quiz 6　She grows tomatoes in her garden. Quiz 7　Yes, she does. She is good at playing the piano.
❷ **Step2** を行う。 友達にインタビューする。 　　　　　　　　　（5分）	▶友達クイズを作るための情報収集を行う。 **T**：Now, it's time to make a quiz. Look at **Step 2**. First you ask questions to your friends to get some information. I'll give you 5 minutes. Let's start.
❸ **Step3** を行う。 友達クイズを作り，発表する。（15分）	▶ノートに友達のクイズを4問作る。 **T**：Make four quizzes on your notebook about one of your friends. ○生徒が作ったクイズはペアで出し合う等，活用の機会をできるだけ設ける。　　　　　　　　　　　　　　　　【対話的な学び】
❹ 振り返る。（1分）	○活動を振り返る。　　　　　　　　　　　　　【主体的な学び】

052

Worksheet

【3人称単数現在形（疑問文）】

友達クイズを作ろう！①

Class (　　　) Number (　　　) Name (　　　　　　　　)

Step 1　先生の友達（Kitty White）について質問します。どのくらい知っているかな？

Quiz 1　Does she have any brothers?　　(　　　　　　　　　　　　)

Quiz 2　Does she have a boy friend?　　(　　　　　　　　　　　　)

Quiz 3　What food does she like?　　(　　　　　　　　　　　　)

Quiz 4　Where does she come from?　　(　　　　　　　　　　　　)

Quiz 5　Does she like soccer?　　(　　　　　　　　　　　　)

Quiz 6　What vegetable does she grow in her garden?　(　　　　　　　　　　　　)

Quiz 7　Does she play the piano?　　(　　　　　　　　　　　　)

Step 2　友達クイズを作ろう。まず，事前調査で次のような①〜⑥の内容について英語で友達に質問してみよう。⑦は自由に質問を考えよう。

	友達1 (　　　)	友達2 (　　　)	友達3 (　　　)
①好きな果物			
②好きな野菜			
③兄弟姉妹の有無			
④住んでいるところ			
⑤するスポーツ			
⑥好きな教科			
⑦ (　　　)			

Step 3　友達3人の中から1人選んで，**Step 1** を参考に，クイズを作ってみよう。

- -

- -

- -

- -

┌ Let's reflect!　振り返ってみよう

①積極的に友達に質問しようとしましたか。【主体的な学び】　　　5　4　3　2　1

②キティクイズに友達と協力して答えを探そうとしましたか。【対話的な学び】　　5　4　3　2　1

③3単現の疑問文の作り方について友達に説明できますか。【深い学び】　　5　4　3　2　1

053

3人称単数現在形（否定文）

20 友達クイズを作ろう！②

✔ 活動時間　約18分　　✔ 言語活動　話す・聞く・書く　　✔ AL の視点　対話的な学び

3 　単現の否定文の doesn't ってどんな場面で使われるでしょうか。自分と相手以外の他の人について語るわけですから，他人のことを「伝える」という形が考えられます。そこで，まず友達にインタビューし，その後，班に戻って，その人がやらないことを報告するという活動により目標言語を使わせることができます。また，報告を受ける人はそれをメモすることで，書く活動となります。

【指導手順】　**INPUT**　気づき ➡ 理解 ➡ 内在化 ➡ **統合**　**OUTPUT**

	学習内容	▶生徒の学習活動　●AL の視点　・留意点
❶	**Step1** を行う。 ①活動のやり方を理解する。 （3分）	▷**活動内容を理解する。** **T**：Please make a group of 4. Each group leader, come here. ・ワークシートを人数分渡す。裏面には，罫線のある報告用の紙を印刷しておく。（本書にはない。） **T**：Now, go to your friends and ask questions. Please remember what your friends don't do or don't have. After about 4 minutes, you go back to your group and tell about your friends. Look at the example on your worksheet. ・絵の語彙を練習してから始める。
	②友達に質問する。（4分）	▷**友達にインタビューする。** **T**：I'll give you 4 minutes. Let's do it! ・生徒は約4分間，友達にインタビューし，やらないことをできるだけ集める。 ・下線部は語を変えることもできる。また，絵以外でも，質問をしてもよい。
	③班に報告する。（5分）	○**友達がやらないことを班に報告する。** 　例）Keiko doesn't have any brothers. 　　　Hiroshi doesn't like carrots.　　【対話的・協働的な学び】
❷	**Step2** を行う。 英文を書く。（5分）	▷**友達がやらないことを英文で書く。** ・ワークシートの裏面やノートを活用し，doesn't の文をたくさん書くことで，本時の学習内容の内在化を図る。
❸	振り返る。（1分）	○**活動を振り返る。**　　　　　　　　　　　　　　　【主体的な学び】

Worksheet

【3人称単数現在形（否定文）】

友達クイズを作ろう！②

Class (　　) Number (　　) Name (　　　　　　　　)

Step 1　絵を参考に，友達に質問しよう。やらないことや，しないことを集め，例にならって，班に戻って報告しよう。いくつ doesn't の文が集まるかな。1人は班に残り，報告を受けよう。（絵にない質問も OK です。）

　例）A：Do you have any brothers, Keiko?　　B：No, I don't.
　　　A：Thank you.（班に戻って報告）Keiko doesn't have any brothers.

Step 2　友達がやらないことやしないことを書こう。

Let's reflect!　振り返ってみよう

①積極的に英語を使おうとしましたか。【主体的な学び】　　　　　5 4 3 2 1
②友達に質問し，班に報告しましたか。【対話的な学び】　　　　　5 4 3 2 1
③3単現の否定文の作り方について友達に説明できますか。【深い学び】　5 4 3 2 1

055

助動詞 can

21 自分のできることは？
I can .... / I cannot ....

✔ 活動時間　約11分　　✔ 言語活動　話す・聞く　　✔ AL の視点　対話的な学び

C an は，小学校で学習済みです。そこで，導入部で can の入ったクイズを聞かせ，can の意味を確認するところから始めます。理解の段階では，「できる」ということを視覚で訴えるように，その場で教師がけん玉を取り出し，成功すれば，I can!（生徒：You can!）となりますし，失敗したら，I can't.（生徒：You can't!）と言わせながら，can の意味理解を促すことができます。

【指導手順】　(INPUT)　気づき ➡ 理解 ➡ **内在化** ➡ 統合　(OUTPUT)

	学習内容	▶生徒の学習活動　● AL の視点　・留意点
❶	**Step1** を行う。 ①クイズに答える。（5分）	○アニメクイズに，ペアで答えを探す。 **T**：Let's do a guessing quiz. Please listen and guess. Quiz 1 I am a cat. I can fly. I am blue. I am an anime character. I can help my best friend. I have a pocket.（ドラえもん） Quiz 2 I am 10 years old. I can get to sleep quickly. I cannot ride a bicycle. But I can play cat's cradle very well. I wear glasses.（のび太） Quiz 3 I can fly a U.F.O. I am black. I am an anime character. I don't like *anpanman*.　（バイキンマン） Quiz 4 I am an anime character. I am 54 years old. I can play '*go*'. I have 3 children, two daughters and one son. I have one grand child.（波平） ・クイズの答えをペアで相談しながら書く。　　　　【対話的な学び】
	②答えを確認する。（1分）	▷答え合わせをする。
❷	**Step2** を行う。 自分ができるものとできないものを英語で言う。 （4分）	▷イラストの語彙の読みと意味を確認する。 ▷自分のできるものは，□に✔を入れる。 ○友達に自分のできるものを3つ，できないものを1つ英語で伝える。 **T**：Now, tell your friends what you can do. 【対話的な学び】
❸	振り返る。（1分）	○活動を振り返る。　　　　　　　　　　　　　　【主体的な学び】

056

Worksheet

【助動詞 can】
自分のできることは？
I can .... / I cannot ....

Class (　　) Number (　　　) Name (　　　　　　　　　　)

Step 1 アニメクイズに答えよう。

Quiz1 (　　　　) Quiz2 (　　　　　) Quiz3 (　　　　　) Quiz4 (　　　　　)

Step 2 あなたのできることは何ですか？　できることの□に✔を書こう。友達３人以上に，自分ができることや，できないことを伝えよう。

☐  run fast	☐  sing songs	☐  play the piano	☐  ride a unicycle
☐  touch an earthworm	☐  play *kendama*	☐  play hula hoop	☐  peel an apple
☐ 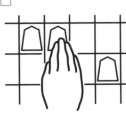 play *shogi*	☐  cook miso-soup	☐  swim breaststroke for 100m	☐  hold a snake

Let's reflect! 振り返ってみよう

①積極的に友達に質問しようとしましたか。【主体的な学び】　　　5　4　3　2　1
②できることやできないことを伝え合うことができましたか。【対話的な学び】　　　5　4　3　2　1
③ can の英文について，友達にポイントを説明できますか。【深い学び】　　　5　4　3　2　1

助動詞 can

22 職業適性検査

Can you get up early? --- Yes, I can. / No, I can't.

✔活動時間　約12分　　✔言語活動　読む・話す・聞く　　✔AL の視点　対話的な学び

C an を用いての疑問文では，Job Hunting な活動ができます。今回は，職業適性検査という形で，ワークシートを作成してみました。これにより，Can you ...? という疑問文に多く触れ，答え方もしっかり言えるようになることを期待しながらの活動になります。結果自体には信頼性はありませんので，どうか生徒に楽しんでもらいたいと思っています。

【指導手順】　(INPUT)　気づき　➡　理解　➡　内在化　➡　**統合**　(OUTPUT)

	学習内容	▶生徒の学習活動　●AL の視点　・留意点
❶	**Step 1** を行う。 職業適性検査をペアでやってみる。（5分）	○**英語で職業適性検査を行う。** **T**：O.K. Let's do 職業適性検査 in English. 　　I'll give you a worksheet. 　　Make pairs and ask several questions and find out what kind of jobs your friends may be. ・まずはペアで行い，質問の内容を確認させる。 ・必要に応じ，未習語彙は説明したり，推測させたりする。 〈予想される未習語〉 　stay up late　　　sick people　　　be quiet 　alone　　　　　　take care of 　in front of　　　communicate 　　　　　　　　　　　　　　　　　　　　　【対話的な学び】
❷	**Step 2** を行う。 色々な友達とやってみる。 　　　　　　　　　（6分）	○**色々な友達と職業適性検査をやってみる。** ・裏面に結果発表の紙（138ページ）を印刷しておき，すぐに結果がわかるようにしておく。 　　　　　　　　　　　　　　　　　　　　　【対話的な学び】
❸	振り返る。（1分）	○**活動を振り返る。**　　　　　　　　【主体的な学び】

Worksheet

【助動詞 can】
職業適性検査
Can you get up early? --- Yes, I can. / No, I can't.

Class (　　) Number (　　) Name (　　　　　　　　)

Step 1 あなたは将来，どんな職業につきたいと思っていますか。まずは，自分がどのタイプか，たどっていこう。その後，友達とやってみよう。

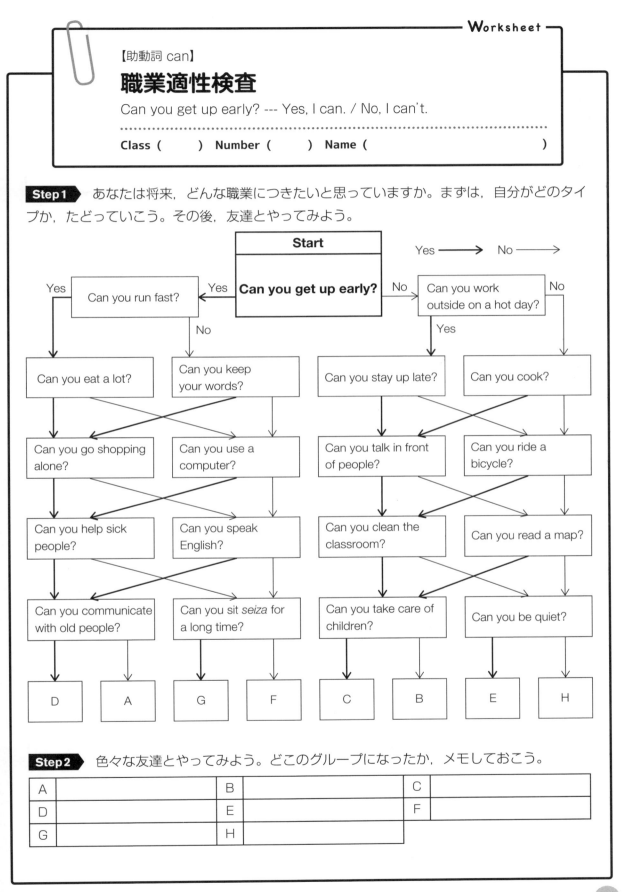

Step 2 色々な友達とやってみよう。どこのグループになったか，メモしておこう。

A		B		C	
D		E		F	
G		H			

059

現在進行形（肯定文）

23 ジェスチャーゲーム①
I know! You are drinking water.

✔ 活動時間　約12分　　✔ 言語活動　話す・聞く・書く　　✔ AL の視点　対話的な学び

現在進行形の定番は，ジェスチャーゲームです。ペアになり，1人がジェスチャーし，もう1人が当てるというゲームです。1分間にいくつ当てられるかを競います。ペアでやった後には，班対抗でやってみるのもいいでしょう。また，実際に会話場面でも，Ken, can you help me? --- Sorry, I'm cooking now. などで使用されるので，深い理解を促したいです。

【指導手順】　INPUT　気づき　➡　理解　➡　内在化　➡　統合　OUTPUT

	学習内容	▶生徒の学習活動　●AL の視点　・留意点
❶	**Step1** を行う。 ①語彙の確認（3分）	▷**語彙を確認する。** **T**：Let's take a look at the worksheet. Look at the words, and repeat after me. drink water **S**：drink water **T**：This time, let's practice saying ～しています。Repeat. drinking **S**：drinking **T**：drinking water **S**：drinking water
	②ジェスチャーゲーム （4分）	○**ジェスチャーゲームを行う。** **T**：Let's play a gesture game. Do *janken* with your partner. **S**：(play *janken*) **T**：Winners? (**S**：raise their hands) Stand up. Winners make a gesture. Losers guess what your partner is doing. Say "I know! You are drinking water". "I know you are listening to music". I'll give you one minute. How many can your partner guess?　【対話的な学び】
❷	**Step2** を行う。 **Step1** で使った表現を書く。 （4分）	○ **Step1 で使った文を書く。** • 使った表現を書くことで文構造の理解を促す。 • ing のつけ方に留意する。よって，指導計画上，ing のつけ方は，この活動の前に指導しておく。　【深い学び】
❸	振り返る。（1分）	○**活動を振り返る。**　【主体的な学び】

060

Worksheet

【現在進行形（肯定文）】
ジェスチャーゲーム①
I know! You are drinking water.

Class (　　　) Number (　　　) Name (　　　　　　　　　　　)

Step 1　ジェスチャーを使い，自分が何をしているかパートナーに当ててもらおう。
時間内にいくつ当ててもらえるかな？　例）You are drinking water.

Step 2　ジェスチャーゲームで当てた表現を3つノートに書いておこう。
　　例）You are listening to music. You are playing baseball. You are eating ra-men.

Let's reflect!　振り返ってみよう

①積極的に友達のやっていることを当てようとしましたか。【主体的な学び】　　　5　4　3　2　1
②何かをしているときの言い方がわかりましたか。【対話的な学び】　　　　　　5　4　3　2　1
③現在進行形（〜している）の言い方を説明できますか。【深い学び】　　　　　5　4　3　2　1

現在進行形（疑問文）

24 ジェスチャーゲーム②

Are you playing golf? --- Yes, I am. / No, I'm not.

✔ 活動時間　約12分　　✔ 言語活動　話す・聞く・書く　　✔ AL の視点　対話的な学び

語習得はインプットしたものに「気づく」ことから始まります。言語に気づかなくては習得はありません。その後，その言語構造を「理解」し，「内在化」（練習）し，「統合」（応用）することで，アウトプットへと進んでいきます。今回は，「統合」を目指した活動です。Are you cooking ～? や Are you eating ～? の「～」に語を補い詳細に尋ねることができるようにしましょう。

【指導手順】　(INPUT)　気づき　➡　理解　➡　内在化　➡　**統合**　(OUTPUT)

	学習内容	▶生徒の学習活動　● AL の視点　・留意点
❶	**Step1** を行う。 ①語彙の確認（3分）	▷**語彙を確認する。** **T**：Let's take a look at **Step1** sports, instrument（楽器）, and games（遊び）. Look at the words, and repeat after me. 　　soccer **S**：soccer
	②ジェスチャーゲーム （4分）	○**ジェスチャーゲームを行う。** **T**：Let's play a gesture game. Play *janken* with your partner. **S**：(play *janken*) **T**：Winners?（**S**：raise their hands）Stand up. Winners make gestures. Losers guess what your partner is doing. Ask "Are you playing soccer?" If the winner is playing soccer, "Yes, I am". If not, you can say "No, I'm not". If you ask three times, Are you playing soccer? No, I'm not. Are you playing tennis? No, I'm not. Are you playing basketball? No, I'm not. Then you ask "What are you doing?" ・必要に応じ，視覚情報として板書する。 **T**：I'll give you one minute. How many can your partner guess? 　　　　　　　　　　　　　　　　　【対話的な学び】
❷	**Step2** を行う。 **Step1** で使った表現を書く。 （4分）	○ **Step1** で使った疑問文と答えを書く。 ・使った表現を書くことで文構造の理解を促す。 　　　　　　　　　　　　　　　　　【深い学び】
❸	振り返る。（1分）	○活動を振り返る。　　　　　　　　【主体的な学び】

062

Worksheet

【現在進行形（疑問文）】
ジェスチャーゲーム②

Are you playing golf? --- Yes, I am. / No, I'm not.

....

Class (　　　) Number (　　　) Name (　　　　　　　　)

Step 1　相手が何をしているのか当てていこう。3回聞いても当てられなければ，"What are you doing?"（何をしているの？）と尋ねちゃいましょう。

【スポーツ・楽器・遊び】**Are you playing 〜?**

play

【sports】	【instrument】	【games】
☐ soccer	☐ the piano	☐ *kendama*
☐ tennis	☐ the recorder	☐ *shogi*
☐ baseball	☐ the harmonica	☐ a video game
☐ basketball	☐ the violin	☐ UNO
☐ volleyball	☐ the drums	☐ cat's cradle
☐ badminton	☐ flute	☐ osello

【食べ物・料理・飲み物】**Are you eating 〜? / Are you cooking 〜? / Are you drinking 〜?**

cook / eat / drink

【food】	【cooking】	【drinks】
☐ ra-men	☐ curry and rice	☐ coca-cola
☐ *syabu syabu*	☐ hamburger steak	☐ tea
☐ steak	☐ salad	☐ green tea
☐ lemon	☐ sunny side-up	☐ coffee
☐ hamburger	☐ pancake	☐ wine
☐ *zaru soba*	☐ fried rice	☐ *aojiru*

Step 2　Step1 で使った表現（質問と答え）を3つずつ書いてみよう。

Let's reflect! （振り返ってみよう）

①積極的に友達のやっていることを当てようとしましたか。【主体的な学び】	5　4　3　2　1
②相手が何をしているか尋ねるときの言い方がわかりましたか。【対話的な学び】	5　4　3　2　1
③現在進行形の疑問文の言い方と答え方を説明できますか。【深い学び】	5　4　3　2　1

063

過去形（規則動詞）

25 過去の行動で相性チェック！①

We are the same! ゲーム

✔ 活動時間　約10分　　✔ 言語活動　話す・聞く　　✔ AL の視点　対話的な学び

規則動詞の過去形では，私は新聞のテレビ番組欄を教室に持ち込み，昨夜見たテレビ番組をすべて○をさせるところから授業を始めます。その後，自分の見たテレビ番組を I watched .... という言い方で，すべて言わせます。ここで，必ず「見なかった」という生徒が出てきます。そこで，否定文もここで導入します。その後，本活動に入ります。

【指導手順】　(INPUT) 　気づき　➡　理解　➡　内在化　➡　統合　(OUTPUT)

	学習内容	▶生徒の学習活動　　● AL の視点　　・留意点
❶	**Step 1** を行う。 昨夜見たテレビ番組をすべて書く。（3分）	▷**昨日の夜に見たテレビ番組をすべて書く。** **T**：What TV program did you watch last night? **S₁**：I watched sumo and news. **T**：O.K, everyone. Write all the TV program you watched last night on your worksheet. ・必要に応じ，一日前のテレビ欄を印刷し，生徒に配付する。
❷	**Step 2** を行う。 ①昨夜やったことを確認する。（1分）	▷**①～⑧の絵の中で，昨夜やったことには□に✔を入れる。** **T**：Mark what you did last night. ・□に✔を入れながら，未習語彙は指導する。
	Step 3 を行う。 ② We are the same! ゲームをやる。（5分）	○**①～⑧で昨夜やったかどうか同時に言っていく。もし2人とも，同じ答えなら，We are the same! と言ってハイタッチする。** **T**：O.K. We are going to play 'We are the same' game! You and your partner count 1, 2, 3 and say what you did. If you and your partner said the same thing, for example, "I watched TV"..."I watched TV". Then you do high five saying "We are the same!" ・見本を見せるとよい。 **T**：No.1 **S₁/ S₂**：One two three. I didn't cook dinner. **S₁, S₂**：We are the same! ・1人と終わったら，2人目もやってみる。　　　　【対話的な学び】
❸	振り返る。（1分）	○活動を振り返る。　　　　　　　　　　　　　　　【主体的な学び】

064

Worksheet

【過去形（規則動詞）】
過去の行動で相性チェック！①
We are the same! ゲーム

Class (　　) Number (　　) Name (　　　　　　　　)

Step 1　昨日の夜に見たテレビは何ですか。見たテレビを I watched ... last night. という形で、すべて書いてみよう。見なかった人は、I didn't watch TV last night.（昨夜テレビは見ませんでした）と書いておこう。

Step 2　次の①～⑧で、昨夜やったことには□に✔を入れよう。

□①	□②	□③	□④
cook dinner	play sports	watch TV	talk on the phone
□⑤	□⑥	□⑦	□⑧
study English	listen to music	use a computer	wash the dishes

Step 3　友達と上の①～⑧のことで、昨夜やったかどうか同時に言ってみよう。もし2人とも同じ答えなら、"We are the same!"（私たち、同じだね）と言ってハイタッチしよう。いくつ同じになるかな？　　1人目（　　　　）個　2人目（　　　　）個

― Let's reflect! 振り返ってみよう
①昨日の夜のことについて英語で表現しようとしましたか。【主体的な学び】　　5　4　3　2　1
②「やったか、やらなかったか」声をそろえて言えましたか。【対話的な学び】　　5　4　3　2　1
③過去のことを言うときの文法ルールが言えますか。【深い学び】　　　　　　　　5　4　3　2　1

過去形（不規則動詞）

26 過去の行動で相性チェック！②
We are the same! ゲーム

✔活動時間　約7分　　✔言語活動　話す・聞く・書く　　✔AL の視点　対話的な学び

不　規則動詞の過去形では，私は夕食に食べたものからスタートします。誰もが夕食は食べたと思われますし，生徒にとって身近な話題だからです。ここで eat の過去形 ate を導入し，「食べた」と過去形になるけれど，ed がついていないことに気づかせます。「インプット→気づき」の場面です。その後，不規則動詞の存在を理解させ，本活動（内在化）に入ります。

【指導手順】　(INPUT) ➡ 気づき ➡ 理解 ➡ 内在化 ➡ 統合 ➡ (OUTPUT)

	学習内容	▶生徒の学習活動　　● AL の視点　　・留意点
❶	**Step1** を行う。 昨夜食べたものを書く。 （2分）	▷夕食で食べたものを I ate .... という表現を使って書く。 **T**：What did you eat for dinner last night? **S₁**：I ate hamburger steak and rice. **T**：O.K, everyone. Write what you ate for dinner last night.
❷	**Step2** を行う。 ①昨夜やったことを確認する。（1分）	▷①〜⑧の絵の中で，昨夜やったことには□に✔を入れる。 **T**：Look at the pictures. What did you do last night? 　　Let's mark what you did last night. ・□に✔を入れながら，未習語彙は指導する。
	Step3 を行う。 ② We are the same! ゲームをやる。（3分）	○ペアで同時に①からやったかどうか言っていく。 **T**：O.K. We are going to play 'We are the same' game! You and your partner count 1, 2, 3 and say what you did. If you and your partner said the same thing, for example, "I took a bath" ... "I took a bath". Then you do high five saying "We are the same!" ・前回やっていれば，前回と同様と説明する。 **T**：No.1 **S₁ / S₂**：One two three. I took a bath. **S₁, S₂**：We are the same! ・1人と終わったら，2人目もやってみる。 <div align="right">【対話的な学び】</div>
❸	振り返る。（1分）	○活動を振り返る。<div align="right">【主体的な学び】</div>

066

Worksheet

【過去形（不規則動詞）】
過去の行動で相性チェック！②
We are the same! ゲーム

Class (　　) Number (　　) Name (　　　　　　　)

Step 1　あなたは昨日の夜に，何を食べましたか。食べたものを英語で書いてみよう。例にならって書いてみよう。 例) I ate rice, steak, salad and miso-soup.

Step 2　次の①～⑧で，昨夜やったことには□に✔を入れよう。

① take a bath
② do my homework
③ eat dinner
④ read a book
⑤ read a comic book
⑥ read a newspaper
⑦ go to *juku*
⑧ send an e-mail

Step 3　友達と上の①～⑧のことで，昨夜やったかどうか同時に言ってみよう。もし2人とも同じ答えなら，"We are the same!"（私たち，同じだね）と言ってハイタッチしよう。いくつ同じになるかな？　　1人目（　　　　　）個　2人目（　　　　　）個

Let's reflect! 振り返ってみよう
①昨日の夜のことについて英語で表現しようとしましたか。【主体的な学び】　　5 4 3 2 1
②「やったか，やらなかったか」声をそろえて言えましたか。【対話的な学び】　　5 4 3 2 1
③過去のことを言うときの文法ルールが言えますか。【深い学び】　　　　　　　5 4 3 2 1

067

過去形（疑問文）

27 先生に Yes, I did. と言わせよう！

Did you ... last night? --- Yes, I did. / No, I didn't.

✔ 活動時間　約12分　　✔ 言語活動　話す・聞く　　✔ AL の視点　主体的な学び

生徒に疑問文を言わせたいときには，とってもシンプルな方法として，「先生が Yes, I did. と答える質問を考えよう」のように指示するとよいです。また時には，先生に Yes, I did. を言わせた人から座れるようにタスクを与えると，自ら疑問文を作ろうとし，質問するようになります。本活動は，これを「内在化」（intake）の後の場面での「統合」活動と捉えて行います。

【指導手順】　INPUT　気づき ➡ 理解 ➡ 内在化 ➡ **統合**　OUTPUT

	学習内容	▶生徒の学習活動　●AL の視点　・留意点
❶	**Step 1** を行う。 ①先生への質問を考える。 （2分）	○先生が Yes, I did. と答えそうな質問を考える。 **T**：Make "Did you 〜?" questions. For example, "Did you watch TV last night?" If I answer, "Yes, I did.", you get 3 points. 　　If I answer, "No, I didn't.", you get 1 point. 　　先生が Yes, I did. と答えそうな質問を3つ以上作ってみましょう。 **S**：(何をやるのか日本語で確認している。) **T**：O.K. Make groups of four. ・4人班を作る。 ・最初に作戦タイムをとってもよい。 ・黒板に得点を控えておく。 ・ALT がいれば，ALT に質問するようにしてもよい。
	②先生に質問する。（3分）	**T**：Ask me questions. **S**：Did you read a book? **T**：Yes, I did. You get 3 points. 【主体的な学び】
❷	**Step 2** を行う。 友達に質問する。（5分）	○友達が Yes, I did. と答えそうな質問を考える。 ・**Step 1** で生徒は一度経験しているので，友達とは比較的スムーズにできる。 ・1人と終わったら，2人目もやってみる。　【対話的な学び】
❸	振り返る。（2分）	○活動を振り返る。　　　　　　　　　　　　【主体的な学び】 ・友達が Yes, I did. と答えた質問を3つ，No, I didn't. と答えた質問を1つノートに書くように指示する。 【深い学び】

Worksheet

【過去形（疑問文）】

先生に Yes, I did. と言わせよう！

Did you ... last night? --- Yes, I did. / No, I didn't.

Class (　　) Number (　　) Name (　　　　　　　　　)

Step 1 次の①～⑯の絵を参考に（それ以外でも可），先生に Yes, I did. と言わせよう。

① cook dinner
② play sports
③ watch TV
④ talk on the phone
⑤ study English
⑥ listen to music
⑦ use a computer
⑧ wash the dishes
⑨ take a bath
⑩ do your homework
⑪ eat dinner
⑫ read a book
⑬ read a comic book
⑭ read a newspaper
⑮ go to *juku*
⑯ watch a movie on TV

Step 2 友達ともやってみよう。いくつ言わせることができるかな？

1人目（　　　　）個　2人目（　　　　）個　3人目（　　　　）個

Let's reflect!　振り返ってみよう

①過去形の疑問文を作り，積極的に質問し合いましたか。【主体的な学び】　　5　4　3　2　1
②過去形の疑問文を聞き，正しく答えられましたか。【対話的な学び】　　5　4　3　2　1
③過去形の疑問文とその答え方について説明できますか。【深い学び】　　5　4　3　2　1

069

Chapter 3　中学2年　アクティブ・ラーニングの英文法指導アクティビティ&ワーク

1 be動詞（過去形）

過去形で会話の継続を！

What did you do last night? --- I watched TV. It was interesting.

✔活動時間　約15分　　✔言語活動　話す・聞く・書く　　✔ALの視点　対話的な学び

be動詞の過去形を学習するあたりから，会話をつなげる活動ができるようになります。What did you do last night? --- I studied English. のようなQAで終わる会話から，What did you do last night? --- I studied English. It was difficult. のように，話を広げるQAA活動へと広がりを見せるのもこの時期です。意図的，計画的に指導していきましょう。

【指導手順】　INPUT → 気づき → 理解 → **内在化** → 統合 → OUTPUT

	学習内容	▶生徒の学習活動　●ALの視点　・留意点
❶	本時のねらいの確認　　　　　　　　　　　　　　　Step1を行う。①対話の内容を理解する。（1分）②語彙を知る。（1分）③ペアで会話する。（2分）	▷**本時のねらいを理解する。** T：Today's Can Do is "答えに1文付けたそう". ▷**対話の内容を理解する。** T：Let's take a look at **Step1** on your worksheet. A：What did you eat for dinner last night? B：I ate <u>sushi</u>. + It was <u>delicious</u>. ▷**「食べ物の味や感想」を表す語彙を学習する。** T：Repeat after me.　delicious S：delicious ○**ペアで対話を行う。** ・実際の内容で生徒は対話する。 【対話的な学び】
❷	**Step2** を行う。（4分）	○**Step1と同様の流れで行う。** ・It was exciting. とI was excited. の違いを理解させる。 【対話的な学び】
❸	**Step3** を行う。友達に質問する。（5分）	○**ペアでスキットを作る。** T：Make a short skit with your partner and write it on your worksheet. ・Step1とStep2で対話した内容を参考にペアで対話文を作る。 ・時間があれば，発表させる。 【深い学び】
❹	振り返る。（2分）	○**活動を振り返る。**　　　　　　　　　　　【主体的な学び】

Worksheet

【be動詞（過去形）】
過去形で会話の継続を！
What did you do last night? --- I watched TV. It was interesting.

Class (　　) Number (　　) Name (　　　　　　　　)

Step 1 次の対話例を参考に，友達と対話してみよう。

例) A: What did you eat for dinner last night?
　　B: I ate sushi. ＋ It was delicious.

【食べ物の味】

Step 2 次の対話例を参考に，友達と対話してみよう。

例) A: What did you do after dinner?
　　B: I watched a soccer game on TV. ＋ I was excited. / It was exciting.

【気分・感情】

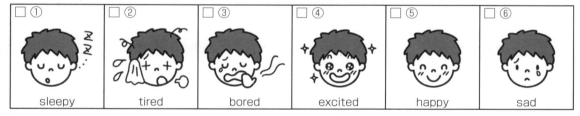

【感想】

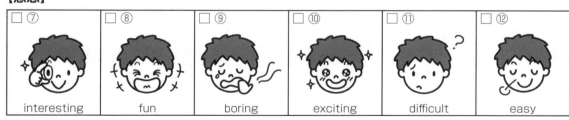

Step 3 友達と4文スキットを作ってみよう。

Let's reflect! 振り返ってみよう

①対話が継続するように，答えたら1文をたそうとしましたか。【主体的な学び】　　5　4　3　2　1
②1文をたして，対話を継続させることができましたか。【対話的な学び】　　5　4　3　2　1
③対話を続けていくための方法がわかりましたか。【深い学び】　　5　4　3　2　1

過去進行形

2 What are missing?

絵からなくなっているものは？

✔ 活動時間　約15分　　✔ 言語活動　話す・聞く・書く　　✔ AL の視点　対話的な学び

生徒に絵を見せます。1分間見させます。その後，その絵を回収してしまいます。次に，先ほど見ていた絵から，登場人物やモノを削除したものを配り，誰がどこで何をしていたのか，何がどこにあったのか…を思い出して，英語で言い表すという活動です。使用文型は「過去進行形」の他に，「be 動詞の過去形」も使って表すことになります。

【指導手順】　(INPUT)　気づき ➡ 理解 ➡ 内在化 ➡ **統合**　(OUTPUT)

	学習内容	▶生徒の学習活動　　● AL の視点　　・留意点
❶	絵を見る。（1分）	▷ペアで1枚配られた絵（139ページ）を1分間見る。
		・絵はラミネートしておくとよい。
		T：Look at the picture with your partner for one minute.
		・1分後，絵を集める。（または，机の中に入れさせる。）
		・ワークシートを配る。
❷	**Step1** を行う。	○絵にたりないものを友達と例にならって言いながら，確認していく。
	・絵にあったものを英語で言っていく。（5分）	例）A boy was sleeping under the tree.
		・十分時間をとる。
		・教師は机間巡視しながら，生徒から過去進行形の文を言わせるようにする。
		【対話的な学び】
❸	**Step2** を行う。	○確認した絵にたりないものを英文で書く。
	①英文を書く。（5分）	**T**：O.K. Write in English.
		・口頭で確認していったものをワークシートに書くことで，文構造を深く理解し，統合化を図る。
		【深い学び】
	②発表する。（3分）	○（時間に応じ）発表する。
		・同じ文が書けているかどうか確認しながら聞くとよい。
		【深い学び】
❹	振り返る。（1分）	○活動を振り返る。　　　　　　　　　　　　【主体的な学び】

072

Worksheet

【過去進行形】
What are missing?
絵からなくなっているものは？

Class (　　) Number (　　) Name (　　　　　　　　　　)

Step 1　友達と絵の内容について，例にならって話し合ってみよう。

例) A boy was sleeping under the tree.

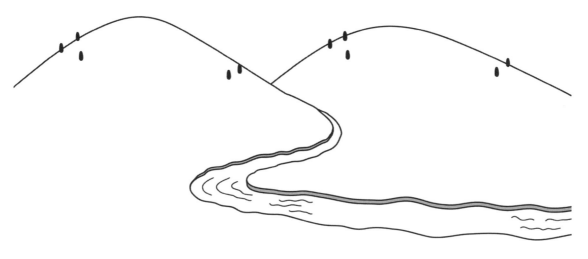

Step 2　どのくらい思い出せましたか？　絵にたりないものを英文で書こう。

Let's reflect!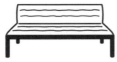
①過去進行形の文を作り，積極的に質問し合いましたか。【主体的な学び】　　　　5 4 3 2 1
②「○○が〜していた」という文を友達と言い合うことができましたか。【対話的な学び】 5 4 3 2 1
③過去進行形の文構造について，説明できますか。【深い学び】　　　　　　　　5 4 3 2 1

未来形 will

3 今夜やることは??

I will watch TV tonight.

✔ 活動時間　約13分　　✔ 言語活動　話す・聞く　　✔ AL の視点　対話的な学び

未来形で難しいところは，日本語には未来形がないということです。もしくはあまり強調されないところにあります。例えば，今夜やることでも，「テレビを見ます」と現在形と同じ形で言います。「明日東京に行くんだ」もそうです。特に，自由に英作文させると，未来形の存在を忘れ，現在で書いてしまうこともあります。ぜひ生徒には深い学びをさせたいです。

【指導手順】 （INPUT） 気づき ➡ 理解 ➡ 内在化 ➡ 統合 （OUTPUT）

	学習内容	▶生徒の学習活動　●AL の視点　・留意点
❶	**Step1** を行う。今夜見る予定のテレビ番組をすべて書く。（3分）	▷**今夜見る予定のテレビ番組を I will watch 〜 tonight. と書く。テレビを見ない場合は，I won't watch TV tonight. と否定形も教えてしまう。** **T**：What TV program will you watch tonight? ・テレビ番組欄を生徒に配付する。 **T**：Write all the TV programs you will watch tonight on your worksheet.
❷	**Step2** を行う。①今夜やることを英語で言う。（3分）	▷①〜⑫の絵の中で，今夜やろうと思っていることには□に✔を入れる。 ・□に✔を入れながら，未習語彙は指導する。
	②友達と英語で言う。（3分）	○**友達と交互に今夜やることを英語で言っていく。** **S₁**：I will watch TV tonight. **S₂**：I will go to bed tonight. ・1人と終わったら，2人目もやってみる。 【対話的な学び】
❸	**Step3** を行う。今夜やらないことを英語で言う。（3分）	○**今夜やらないことを友達と交互に英語で言っていく。** **S₁**：I won't go to *juku* tonight. **S₂**：I won't play sports tonight. 【対話的な学び】
❹	振り返る。（1分）	○活動を振り返る。　　　　　　　　　　【主体的な学び】

Worksheet

【未来形 will】
今夜やることは??
I will watch TV tonight.

Class (　　) Number (　　) Name (　　　　　　　　　)

Step 1 あなたが今夜見る予定のテレビは何ですか。見る予定のテレビ番組を書いてみよう。見ない人は，I won't watch TV tonight.（今夜テレビは見ません。）と書こう。

Step 2 次の①〜⑫で，今夜やることの□に✔を入れ，英語で伝えよう。

Step 3 今夜やらないことを英語で言ってみよう。その後，2つ書いてみよう。
(　　　　　　　　　　　　　　　　　　　　　　　　　　　　　　　　)
(　　　　　　　　　　　　　　　　　　　　　　　　　　　　　　　　)

Let's reflect! 振り返ってみよう
①今夜やることについて自分から伝えようとしましたか。【主体的な学び】　5 4 3 2 1
②友達と英語で伝え合い，未来の言い方がわかりましたか。【対話的な学び】　5 4 3 2 1
③未来のことを言うときの文法ルールが言えますか。【深い学び】　5 4 3 2 1

075

未来形 will

あなたは今夜〜しますか？
Will you play sports tonight?

✔活動時間　約13分　　✔言語活動　話す・聞く　　✔ALの視点　対話的な学び

未来形は日常的な場面でも，かなり多く使われるのですが，実際の教室においては，なかなか使う場面はありません。使う場面が少ないと，定着が図れません。突然，Will you study tonight? と質問を投げかけても，「は？」という状態が目に浮かびます。そこで，今回のように内在化をした英文は，その後のアクティビティでもできる限り使うようにしていきましょう。

【指導手順】　INPUT ⇒ 気づき ⇒ 理解 ⇒ **内在化** ⇒ 統合 ⇒ OUTPUT

	学習内容	▶生徒の学習活動　●ALの視点　・留意点
❶	**Step1** を行う。 予定を○×で書く。（3分）	▷英文を読んで「するもの」には○を，「しないだろうな」というものには×を書き入れる。 T：Look at **step1**. If you plan to do it, draw a circle. If you won't do it, write a cross. ・表は，友達に見られないようにする。
❷	**Step2** を行う。 ①友達の予想を立てる。 　　　　　　　（1分）	▷友達の行動を予想し，○か×かを書く。 T：This time, face your partner. Start from No.1 and guess if your partner will do it or not. ・横のペアの行動を予想させる。
	②ペアに質問する。（2分）	○質問する。 T：It's time to ask your pair. Draw a circle or a cross. ・最初は右側の列の生徒がペアに質問する。 ・およそ1分半後，様子を見て，交代させる。
	③自由に友達1人を選び，予想させ，質問を行う。 　　　　　　　（3分）	▷2人目は，自由に友達を選ばせ，予想を立てさせる。 ○質問する。 ・仲間外れができないように伝えておく。 【対話的な学び】
❸	**Step3** を行う。 先生への質問を書く。 　　　　　　　（3分）	○先生が Yes, I will.（または No, I won't.）と答えそうな質問を考えて書く。 ・ペアで相談しながら書かせてもよい。 【主体的な学び】
❹	振り返る。（1分）	○活動を振り返る。 【主体的な学び】

Worksheet

【未来形 will】
あなたは今夜〜しますか？
Will you play sports tonight?

Class (　　) Number (　　) Name (　　　　　　　　)

Step 1　下の表の質問に答えよう。「するだろうな…」と思うものには○を，「やらないだろうな…」と思うものには×を書こう。

Step 2　友達が「今夜（または週末や夏休みに）するだろうな…」と思うものに○をし，「やらないだろうな…」と思うものには×を書き，予想してみよう。その後，友達に質問して，あなたの予想がどのくらい当たっているか確認しよう。

		あなた	友達 (　　) 予想	結果	友達 (　　) 予想	結果
①	Will you study English tonight?					
②	Will you go to bed before 11 o'clock tonight?					
③	Will you read comic books tonight?					
④	Will you help your family tonight?					
⑤	Will you watch TV tonight?					
⑥	Will you play sports this weekend?					
⑦	Will you go shopping this weekend?					
⑧	Will you eat watermelons this summer?					
⑨	Will you go to the sea and swim this summer?					
⑩	Will you go camping this summer?					
				個		個

どのくらい当たっていたかな？

Step 3　先生が Yes, I will. と答えそうな質問を３つ以上考えて書こう。

Let's reflect! 振り返ってみよう

①積極的に友達に質問しようとしましたか。【主体的な学び】　　5 4 3 2 1
②未来の疑問文をどういう場面で使うかわかりましたか。【対話的な学び】　　5 4 3 2 1
③未来の疑問文の言い方と答え方を友達に説明できますか。【深い学び】　　5 4 3 2 1

未来形 be going to ～

5 留守電にメッセージを残そう！

✔ 活動時間　約15分　　✔ 言語活動　話す・聞く・書く　　✔ AL の視点　対話的な学び

未来のもう１つの言い方に，be going to があります。この be going to は，あらかじめ予定されていることや確実性のある未来について使用されます。この will と be going to の使い方の違いは難しいですが，言語理解を深めるためにも，ある程度は生徒に指導しておき，統合的な活動（**Step2**）において，深い理解を促したいものです。

【指導手順】　(INPUT)　気づき ➡ 理解 ➡ 内在化 ➡ 統合　(OUTPUT)

	学習内容	▶生徒の学習活動　● AL の視点　・留意点
❶	**Step1** を行う。 ①語彙を確認する。（1分）	▷**絵の語彙を確認する。** **T**：Look at the pictures on the worksheet and repeat after me. ・語彙の意味と発音を確認する。
	②今夜の予定を友達と伝え合う。（2分）	○**今夜の予定を友達と伝え合う。** **T**：What are you going to do this evening?　Tell your partner what you are going to do this evening. ・絵にない表現も使ってもよいことを伝える。 ・必要に応じ，何時にやるのか時刻をメモさせてもよい。 【対話的な学び】
	③数名が発表する。（1分）	▷**今夜やることを時刻とともに１つ発表する。** **T**：I'll ask you questions. Try to answer them. 　　What are you going to do tonight, Takeshi? **Takeshi**：I'm going to study English at 8:00.
❷	**Step2** を行う。 be going to を使って，メッセージを作文する。 （10分）	○**トピックにあった内容でメッセージを作成する。** ・日本語では現在形で書かれていても，それが未来を表すならば，be going to もしくは，will を用いることを生徒に理解させておく。 【深い学び】
❸	振り返る。（1分）	○**活動を振り返る。**　　　　　　　　　　　　　【主体的な学び】

078

Worksheet

【未来形 be going to ～】

留守電にメッセージを残そう！

Class (　　) Number (　　) Name (　　　　　　　　)

Step 1 今夜の予定を，絵を参考に，英語で言ってみよう。もし，やらないものがあれば，I'm **not** going to ～．と言おう。(　　)にはその予定時刻を書いてね。

例）I'm going to go home at 6:30.　I'm going to take a bath at 6:40.　We are going to have dinner at 7:00.
I'm not going to watch TV.　I'm going to study math.　I'm going to go to bed at 10:00.

| go home | have dinner | take a bath | study | watch TV | read books |
(　　　) (　　　) (　　　) (　　　) (　　　) (　　　)

Step 2 あなたは家族に電話をしましたが留守番電話でした。AかBのどちらかの場面を選び，メッセージを残そう。まず，自分の名前から名乗ってくださいね。

【 Topic Card A 】
①今夜8：30に，東京駅に着きます。
②お腹がすいているので，駅で夕食を食べようと思います。
③家には10：00までには帰ります。
④今日は疲れているのでお風呂には入らないで寝ちゃいます。明日の朝，入ります。

【 Topic Card B 】
①雨が降りそうなので，今夜は図書館に行くのをやめます。
②家には6：30までには着きますので，夕食は家で食べます。
③宿題は家でやります。
④今日の夕食は何ですか？

Let's reflect! 振り返ってみよう
①積極的に友達に「今夜すること」を伝えようとしましたか。【主体的な学び】　　5　4　3　2　1
②わからない表現を友達と教え合うことができましたか。【対話的な学び】　　　5　4　3　2　1
③be going to が使われる場面を理解することができましたか。【深い学び】　　5　4　3　2　1

未来形 be going to ～

6 当てっこしよう!!

Are you going to see a movie this weekend? --- Yes, I am.

✔ 活動時間　約15分　　✔ 言語活動　話す・聞く・書く　　✔ AL の視点　対話的な学び

be 動詞のある英文を疑問文にするときには，「be 動詞を前に出すだけでよい」ということは，この時期の生徒には，だいぶ定着しつつあるでしょう。簡単に導入した後，表を使って相手を当てていくゲームを用いて，Are you going to ～? の文をたくさん言うことで，内在化（intake）を図ろうとしました。**Step2** では，アウトプットによる深い理解を目指す指導過程を踏みます。

【指導手順】　(INPUT)　気づき　➡　理解　➡　**内在化**　➡　統合　(OUTPUT)

	学習内容	▶生徒の学習活動　　●AL の視点　　・留意点
❶	**Step1** を行う。 ①人物及び動作の語彙を確認する。（2分）	▷**表の見方と必要な語彙を理解する。** **T**：There are five English names on the left. Repeat after me. Dick **S**：Dick（以下，外国人の名前の発音を確認する。） **T**：On the top, there are actions. Repeat. go shopping **S**：go shopping（同様に，述部を確認する。） **T**：Choose **one** from the five names and encircle it. ・5人のうちの誰か1人に○をする。
	②ゲームをする。（5分）	○**ゲームを行う。** **T**：今から，○をした人物になりきって答えます。ジャンケンして勝った人は Are you going to go shopping this weekend? Are you going to see a movie this weekend? などと2つ質問ができます。相手の答えを聞いて，相手が誰だか当てます。いくつ当てられるかやってみましょう。 【対話的な学び】
❷	**Step2** を行う。 ①質問文を作る。（4分）	○**質問文を5つノートに書く。** **T**：隣のペアの人の顔を見て，Are you going to …? の文を使って，今夜家に帰ってやりそうなことを3つ，やらなそうなことを2つの質問を考えて，ノートに書きましょう。　【深い学び】
	② QA を行う。（3分）	○**実際にペアに質問してみる。** **T**：Now it's time to ask questions to your partner. 【対話的な学び】
❸	振り返る。（1分）	○**活動を振り返る。**　　　　　　　　【主体的な学び】

080

Worksheet

【未来形 be going to ～】

当てっこしよう!!

Are you going to see a movie this weekend? --- Yes, I am.

Class (　　) Number (　　) Name (　　　　　　　　　)

Step 1 次の表は，5人の外国人が今週末に行う予定を表しているよ。5人の中から1人選び，その人の名前を○しよう。その人になりきってQAをしよう。ジャンケンに勝った人は2つ質問できるよ。相手の返答を聞き，相手が誰なのか，当てっこしよう。

例）A：**Are you going to** go shopping this weekend?
　　B：Yes, I am.
　　A：**Are you going to** see a movie this weekend?
　　B：No, I'm not.
　　A：Are you Jim?
　　B：That's right. / You're right. / Yes, I am.

当てた数　　　　　回

	go shopping	see a movie	play sports	sing karaoke	take a trip	go fishing
Dick (ディック)	○	○	×	○	×	×
Lucy (ルーシー)	×	○	×	×	○	○
Jim (ジム)	○	×	○	○	○	×
Beth (ベス)	×	○	×	×	×	×
Cliff (クリフ)	○	×	○	○	×	○

Step 2 友達が Yes, I am. と答えそうな質問を3つ，No, I'm not. と答えそうな質問を2つ考えて，書こう。

〈Yes, I am と答えそうな質問〉　　　　〈No, I'm not. と答えそうな質問〉

①＿＿＿＿＿＿＿＿＿＿＿＿＿＿　　　①＿＿＿＿＿＿＿＿＿＿＿＿＿＿

②＿＿＿＿＿＿＿＿＿＿＿＿＿＿　　　②＿＿＿＿＿＿＿＿＿＿＿＿＿＿

③＿＿＿＿＿＿＿＿＿＿＿＿＿＿

Let's reflect!　振り返ってみよう

①積極的に友達に質問しようとしましたか。【主体的な学び】　　　5 4 3 2 1
②正しい英語を使って「当てっこゲーム」ができましたか。【対話的な学び】　5 4 3 2 1
③be going to の疑問文とその答え方を説明できますか。【深い学び】　5 4 3 2 1

Shall I ...? Will you ...? May I ...?

7 願いがいくつ叶うかな？

✔活動時間　約12分　　✔言語活動　話す・聞く　　✔AL の視点　深い学び

表現の統合化（長期記憶）を目指したエクササイズです。ここでは，Will you 〜? / May I 〜? / Shall I 〜? / Shall we 〜? の4つの表現の使い分け（「聞いて正しく理解」を含む）ができることをねらいとします。そこで対話では相手の英語をよく聞かせ，また自分がアウトプットする際には，意識して表現を選択できるようにします。**Step2** では，活動を振り返り，深い理解を目指します。

【指導手順】　(INPUT)　気づき　➡　理解　➡　内在化　➡　**統合**　(OUTPUT)

	学習内容	▶生徒の学習活動　　●AL の視点　　・留意点
❶	**Step1** を行う。	▷**絵の語彙を確認する。**
	①語彙を確認する。（2分）	**T**：Look at the pictures and repeat after me. dance
		S：dance
	②表現を確認する。（2分）	▷ **4つの表現の使い分けを理解する。**
		T：Will you dance? は，誰がダンスするの？（**S**：あなた）
		T：そうですね。どういう意味？（**S**：踊ってくれませんか？）
		T：そうですね。Repeat. Will you dance?（**S**：Will you dance?）
		T：May I dance? は，誰がダンスするの？（**S**：私）
		T：そうですね。どういう意味？（**S**：踊ってもいいですか？）
		T：Shall I dance? は，誰がダンスするの？（**S**：私）
		T：そうですね。どういう意味？（**S**：踊りましょうか？）
		T：これが，Shall we dance? となると（**S**：踊りませんか？）
	③ねらいを確認する。	○**本時のねらいを確認する。**
	（1分）	**T**：今日はこの4つをしっかり使い分けて答えたり，相手にお願いしたりしましょう。　　　　　　　　【主体的な学び】
	④活動を行う。（4分）	○**アクティビティをする。**
		T：ジャンケンして勝った人が，依頼や提案を行います。うまくOK をもらったら，□に✔を入れておきましょう。
		【深い学び】
	Step2 を行う。（2分）	○**対話を英文にする。**
❷	振り返る。（1分）	○**活動を振り返る。**　　　　　　　　【主体的な学び】

Worksheet

【Shall I ...? Will you ...? May I ...?】

願いがいくつ叶うかな？

Class (   ) Number (   ) Name (   )

Step 1 下の絵の内容について友達に，①依頼（Will you ～?）②許可（May I ～?）③提案（Shall I ～? / Shall we ～?）してみよう。いくつ OK がもらえるかな。

【依頼】**Will you** dance? --- Sure. / Sorry, I can't.　　　　【許可】**May I** dance? --- Sure.
【提案】**Shall I** dance? --- Yes, please. / No, thank you.
　　　　Shall we dance? --- Sure. Yes, let's. / No, let's not.

① dance	② stand up	③ drink some water	④ sing a school song
⑤ use your eraser	⑥ see your / my notebook	⑦ go to your house tonight	⑧ open the window
⑨ carry your / my bag	⑩ sit down	⑪ take a picture	⑫ clean your / my desk

Step 2 願いが叶った対話を3つ思い出して，ノートに書いておこう。

例）① Will you open the window? --- Sure.
　　② May I sing a school song? --- Sure.

― Let's reflect! 〔振り返ってみよう〕
①積極的に友達に依頼することができましたか。【主体的な学び】　　　5　4　3　2　1
②相手の英語をよく聞き，意味を理解しましたか。【対話的な学び】　　5　4　3　2　1
③4つの表現の使い分けを友達に説明できますか。【深い学び】　　　　5　4　3　2　1

8 駅でなくしたものは？
There is / are
自分のカバンを説明してみよう

✔ 活動時間　約11分　　✔ 言語活動　話す・聞く　　✔ AL の視点　対話的な学び

There is / are の使う場面として，遺失物取扱所（Lost and found）で，カバンの中に入っているものを説明する場面を想定してみました。ALT に尋ねると，このような場面では，There is .... There is .... と同じ言い方を繰り返すことは，幼い子が言う言い方であると言います。そこで，There is / are で始める他，I have .... in my bag. という言い方も混ぜながら，There is / are を習熟させます。

【指導手順】　INPUT　気づき ⇒ 理解 ⇒ 内在化 ⇒ **統合**　OUTPUT

	学習内容	▶生徒の学習活動　●AL の視点　・留意点
❶	★遺失物取扱所の係員との対話 ①場面を理解する。（1分）	▷ワークシートを見ながら，やることを確認する。 ・活動内容を説明する。 ★あなたはイギリスへ旅行中，駅でカバンをなくしてしまいました。そこで，あなたは，遺失物取扱所（Lost and found）に行きました。次の中から１つ自分のカバンを選び，例にならって係員に説明してみましょう。 　例）　You : Excuse me, I lost my bag at the station. 　　　Officer : What's in it? 　　　　You : Well, there is a book in my bag. 　　　　　　 I have some pens in my bag. 　　　　　　 There are some CDs too. 　　　Officer : Oh, is this your bag? ・カバンの中身を説明する言い方として，3つ例をあげる。 　英語では，あまり同じ表現を繰り返すことがないことから，There is / are .... I have .... in my bag. In my bag, there is / are .... のような言い換えを使うことも知識として与える。
	②ロールプレイを行う。 　　　　　　　（9分）	○友達とロールプレイを行う。 ・3人程度に自分のカバンを見つけてもらうようにする。 ・役になりきって行う。　　　　　　　　　【対話的な学び】
❷	振り返る。（1分）	○活動を振り返る。　　　　　　　　　　　【主体的な学び】

Worksheet

【There is / are】
駅でなくしたものは？
自分のカバンを説明してみよう

Class (　　) Number (　　) Name (　　　　　　　　　)

★あなたはイギリスへ旅行中，駅でカバンをなくしてしまいました。そこで，遺失物取扱所（Lost and found）に行って，自分のカバンを探します。次の中から１つ，自分のカバンを選び，例にならって係員に説明し，見つけてもらいましょう。

例）　You : Excuse me, I lost my bag at the station.
　　Officer : What's in it?
　　You : Well, **there is** a book in my bag. **I have** some pens in my bag.
　　　　　There are some CDs too.
　　Officer : Oh, is this your bag?

― Let's reflect! 振り返ってみよう
①積極的に自分のカバンを説明しようとしましたか。【主体的な学び】　　　5　4　3　2　1
②対話を通じ，There is / are の言い方に慣れましたか。【対話的な学び】　5　4　3　2　1
③There is / are をどんなときに使うかわかりましたか。【深い学び】　　　5　4　3　2　1

085

不定詞（名詞的用法）

9 英語で性格判断！

Do you like to go shopping? --- Yes, I do. / No, I don't.

✔ 活動時間　約10分　　✔ 言語活動　話す・聞く　　✔ AL の視点　主体的な学び

「英語で『性格判断』してみましょう」という調査を通し，自分や友達の性格判断をするというアクティビティです。何度も Do you like to ～? の英文を繰り返すことは，内在化を図る活動とします。その後，統合化のプロセスを経るために「弟が漫画を読むのが好きと言いたいとき」のような「こんなときどう言う？」タイプのタスクを用いて，生徒に考えさせます。

【指導手順】 (INPUT) 気づき ➡ 理解 ➡ 内在化 ➡ 統合 (OUTPUT)

	学習内容	▶生徒の学習活動　●AL の視点　・留意点
❶	★ワークシートを行う。 ①自分の性格判断を行う。 （3分）	▷**自分の性格判断を行う。** **T**：O.K. Let's do 性格判断 in English. I'll give you a worksheet. First, read silently and answer the questions and follow the lines. Which letter from A to H will you get to? ・読み方や意味のわからない表現はペアと確認したり，教師の方で必要に応じて指導する。 〈予想される未習語〉 　Western movies（洋画）　　sick people（病気の人） 　hang out（出かける）　　　hot spring（温泉）
	②友達の性格判断を行う。 （6分）	○**英語で性格判断を行う。** **T**：Make pairs and ask the questions. Find out what character you and your friends have. ・答えるときは，ワークシートを見ないで，友達の英語を聞いて答えるようにさせる。 **【主体的な学び】** ・結果を表に書き込ませる。 ・裏面に結果発表（140ページ）の紙を印刷しておくか，別紙で用意しておき，結果を伝える。 **【対話的な学び】**
❷	振り返る。（1分）	○**活動を振り返る。**　　　　　　　　　　　**【主体的な学び】**

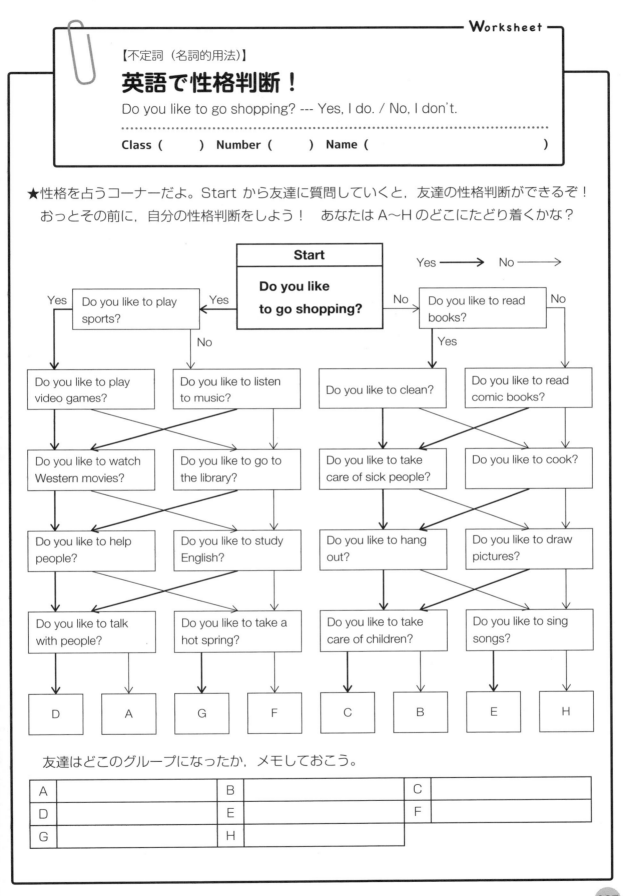

不定詞（名詞的用法）

10 夢の旅行計画を立てよう！

Where do you want to go? And why?

✔ 活動時間　約30分　　✔ 言語活動　話す・聞く　　✔ AL の視点　主体的な学び

夢 の旅行計画では，とりあえず「ヨーロッパに行く」と限定します。そのことでヨーロッパ内の国々の文化に注意が向き，後で他の班の発表を聞いたときに，新しい発見（そんなところがあったのか）があったり，また観光地も多く，計画も比較的容易に立てられるのではないかと思います。ぜひ他の班にない，オリジナルな計画を盛り込ませたいです。

【指導手順】　INPUT　→　気づき　→　理解　→　内在化　→　統合　→　OUTPUT

	学習内容	▶生徒の学習活動　● AL の視点　・留意点
❶	語彙の確認をする。 ①国名を確認する。（1分）	▷ヨーロッパの国名について確認する。 ・黒板に旅行パンフレットを貼り，国名を紹介する。 （例）　① England　② Italy　③ France　④ Germany　⑤ Holland 　　　⑥ Switserland　⑦ Spain　⑧ Norway　等
	②自分の行きたいところと やりたいことを話す。 （3分）	▷もし，冬休みにヨーロッパ旅行に行くとしたら，どこに行って，何をしたいのか考え，友達と尋ね合う。 **T**：O.K. This winter vacation, if you have a chance to go to Europe, where do you want to go and what do you want to do there? ・必ずどこか1つの国を選ばせるようにする。 ・必要に応じ，ノートに書かせる。
❷	**Step 1** を行う。 グループで，ヨーロッパ旅行の計画を立てる。（15分）	ここでワークシートを配る。 ○ヨーロッパに限定し，原則1つの国を選ばせる。 **T**：Now, your group will go to Europe this winter vacation. Make a plan of your original tour plan. You can have 10 minutes. Then each group will share the plan after ten minutes. ・行き先が決まったら旅行パンフレットを取りに来させる。 ・活動の評価を示す。　　　　　　　　　　　　　　【主体的な学び】
❸	**Step 2** を行う。 発表する。（10分）	○各班の計画を発表する。 ・パンフレットを利用しながら，プレゼンさせる。 　　　　　　　　　　　　　　　　　　　　　　　　　【深い学び】
❹	振り返る。（1分）	○活動を振り返る。　　　　　　　　　　　　　　　　【主体的な学び】

Worksheet

【不定詞（名詞的用法）】

夢の旅行計画を立てよう！

Where do you want to go? And why?

Class (　　　) Number (　　　) Name (　　　　　　　　　)

Step1 あなたのグループは冬休みに，ヨーロッパに行くことになりました。そこでどこの国に行って，何をしたいのか，英語で話し合おう。

　例）Where do you want to go? --- I want to go to Italy.

　　　What do you want to do there? --- I want to eat some pizza.

【Planning 計画メモ】

	Where do you want to go?	What do you want to do there?
第1日目（On the first day）		
第2日目（On the second day）		
第3日目（On the third day）		
第4日目（On the fourth day）		
第5日目（On the fifth day）		

Step2 あなたのグループプランをプレゼンしよう。

Let's reflect! 振り返ってみよう

①積極的に英語を使って友達と旅行計画を立てましたか。【主体的な学び】　　5　4　3　2　1

②友達の意見に賛同したり，計画を付けたしたりしましたか。【対話的な学び】　5　4　3　2　1

③「～したい」という表現がどんなときに使えるかわかりましたか。【深い学び】　5　4　3　2　1

089

え？なんで？

不定詞（副詞的用法）

理由を付けたす方法

✔ 活動時間　約23分　　✔ 言語活動　話す・聞く・書く　　✔ ALの視点　主体的な学び

> 行動を起こす裏には，色々な考えがあり，教室内にさまざまな考えが出てくる方が，学習は面白くなります。今回は，英文の後半を考えさせることで，同じ行動でも，その理由には多様な考えがあることに気づかせたいと思います。また，皆が同じ英文を作成するのではなく，個性のあるオリジナルな英文を考えさせ，主体的な取組をさせたいです。

【指導手順】　INPUT → 気づき → 理解 → **内在化** → 統合 → OUTPUT

	学習内容	▶生徒の学習活動　●ALの視点　・留意点
❶	**Step1** を行う。 英文の続きを考える。 （10分）	○理由付けを行う。 T：Look at the phrases. But these are halfway. Let's complete these by adding some information to make a sentence. For example, I went to the supermarket <u>to buy shoes.</u> Any ideas are OK. One more example, I went to the supermarket <u>to meet my friends.</u> T：I'll give you 10 minutes to complete the sentences. ・必要に応じ，ここはペアで考えさせてもよい。 ・考える時間をできるだけ確保する。 　　　　　　　　　　　　　　　　　　【主体的な学び】
❷	**Step2** を行う。 友達がどんな英文を作ったか英語で尋ねる。（5分）	○友達に質問し，どんな理由なのかを知る。 T：This time, you stand up and ask questions to your friends. ・質問の仕方を確認する。 ・個別支援にあたる。　　　　　　　　【対話的な学び】
❸	**Step3** を行う。 インタビュー内容を思い出して書く。（7分）	○友達がどんな理由を話したのか思い出して書く。 T：O.K. Do you remember what your friends answered? Write as many as you can remember on your worksheet. ・生徒は対話を思い出して書く。 ・色々な理由があることを知る。 ・時間があれば，数名に発表させる。　　【深い学び】
❹	振り返る。（1分）	○活動を振り返る。　　　　　　　　　【主体的な学び】

Worksheet

【不定詞（副詞的用法）】

え？なんで？
理由を付けたす方法

Class (　　) Number (　　) Name (　　　　　　　　)

Step 1 次の①〜⑦の英文の続きを考え，例にならって文を完成させよう。

例）I went to the supermarket <u>to buy shoes</u>.

① I come to school _____
② I study English _____
③ I am saving money _____
④ I went shopping in Tokyo _____
⑤ I went to the department store _____
⑥ I will go to London _____
⑦ I stayed home _____

Step 2 教室内を自由に移動して，①〜⑦の理由を尋ねよう。メモをとらず，できるだけ多くの人にインタビューしよう。

例）A : Why do you come to school?　　B : I come to school to ....
　　A : Why are you saving money?　　B : I am saving money to ....
　　A : Why did you go shopping in Tokyo?　B : I went shopping in Tokyo to ....
　　A : Why will you go to London?　　B : I will go to London to ....

Step 3 Step2 で聞いた理由を思い出し，例にならって書いてみよう。
いくつ思い出せるかな。

例）Takeshi will go to London to see Big Ben.

Let's reflect! 振り返ってみよう

①積極的に英語でコミュニケーションをとろうとしましたか。【主体的な学び】　　5　4　3　2　1
②友達との対話を通じ，より多くの表現が学べましたか。【対話的な学び】　　5　4　3　2　1
③理由付けの方法がわかりましたか。【深い学び】　　5　4　3　2　1

不定詞（形容詞的用法）

12 同じものでも使い道が違う？
ものを詳しく説明する方法

✔ 活動時間　約20分　　✔ 言語活動　話す・聞く・書く　　✔ AL の視点　主体的な学び

　　形容詞的用法の導入は，水は水でも使い道の違う「3種類の水」を提示することで，文法理解を促します。最初は，グラスに入れた水を見せ，This is water to drink. と言って飲み干します。2つ目は，同じグラスに入った水を見せ，This is water to give flowers. と言いながら，花に水をやります。3つ目は，顔を洗う水，This is water to wash my face. です。

【指導手順】　INPUT　気づき ➡ 理解 ➡ 内在化 ➡ 統合　OUTPUT

	学習内容	▶生徒の学習活動　● AL の視点　・留意点
❶	**Step 1** を行う。 英文の続きを考える。 （10分）	○ものの使い道を付けたし，英文を完成させる。 **T**：Look at the phrases. But these are halfway. Let's complete these by adding some information to make a sentence. For example, 　I need some books <u>to finish my homework.</u> 　Any ideas are OK. One more example, 　I need some books <u>to lend my friends.</u> 　I'll give you 10 minutes to complete the sentences. ・必要に応じ，ここはペアで考えさせてもよい。 ・考える時間をできるだけ確保する。　　【主体的な学び】
❷	**Step 2** を行う。 ①書いた文を読み合う。 （3分） ②友達の発表を聞き，印象に残った文を2つ書く。 （3分）	○自分が書いた文をペアと発表し合う。 **T**：This time, you stand up and share your ideas with your partners. ・読み合っていく。　　【対話的な学び】 ○友達の文で印象に残った文を2つ書く。 ・必要に応じ，友達のワークシートを見せてもらってもよい。 　　【深い学び】
❸	**Step 3** を行う。 クラスのみんなに発表する。 （3分）	○自分が書いた文をクラスのみんなに発表する。 **T**：O.K. Any volunteers who would like to share their ideas in class? ・クラスの前で発表する機会を設定する。 ・生徒の発表を評価する。　　【深い学び】
❹	振り返る。（1分）	○活動を振り返る。 ・文法ポイントを確認する。　　【主体的な学び】

092

Worksheet

【不定詞（形容詞的用法）】
同じものでも使い道が違う？
ものを詳しく説明する方法

Class (　　) Number (　　) Name (　　　　　　　　　)

Step 1 同じものでも，人によって使い道は違います。あなたなら，どのように使うかな。①〜⑦の英文の続きを考え，例にならって文を完成させてみよう。

例) I need some books <u>to finish my homework.</u>

① I want a new computer _____
② I have some water _____
③ I need some money _____
④ I have a present _____
⑤ I want to buy shoes _____
⑥ I had a lot of things _____
⑦ I have no time _____

Step 2 Step1 で書いた文を友達と発表し合ってみよう。友達の発表を聞いて，あなたが気に入った表現を2つ，書いておこう。

Step 3 自分の作った文をクラスのみんなに発表してみよう。

メモ

Let's reflect! 振り返ってみよう

①積極的に手を挙げて，発表しようとしましたか。【主体的な学び】　　5 4 3 2 1
②友達との対話を通じ，より多くの表現が学べましたか。【対話的な学び】　5 4 3 2 1
③具体的にどんなものであるか，付け加えることがわかりました。【深い学び】 5 4 3 2 1

093

動名詞

13 ザ・相性チェック！
君と友達との間は？

✔ 活動時間　約15分　　✔ 言語活動　話す・聞く　　✔ AL の視点　対話的な学び

動 名詞では，❶動詞＋ing で「〜すること」という意味になること，❷主語になる動名詞もあること，❸「〜すること」でも動名詞しか使えない動詞（finish, enjoy, stop）があること，❹逆に，不定詞しかとらない動詞（want）があること，などを押さえる必要があります。今回は，表現に慣れ親しむ意味で，相性チェックの読み合わせという形をとりました。

【指導手順】 （INPUT） 気づき ➡ 理解 ➡ **内在化** ➡ 統合 （OUTPUT）

	学習内容	▶生徒の学習活動　　●AL の視点　　・留意点
❶	**Step1** を行う。 10個の質問を読んで答える。 （2分）	▷**10個の質問を読み，Yes. なら○を，No. なら×を書く。** **T**：Look at the questions and answer them. If your answer is "Yes, I do.", you draw a circle. If your answer is "No, I don't.", write a cross. I'll give you only 2 minutes. Let's begin. ・必要に応じ，ペアと英文の意味を確認させてもよい。 ・○か×のどちらかを決めさせる。
❷	**Step2** を行う。 ①友達と質問し合い，どのくらい答えが同じか質問し合う。（8分）	○**友達と質問し合い，結果を表に書く。** **T**：Now, stand up and ask your friends these questions and listen to the answers. Write answers on your worksheet. ・時間を8分程度とる。 　　　　　　　　　　　　　　　　　　　　　【対話的な学び】
	②相性チェックを行う。 （2分）	▷**終わった後，いくつ友達と同じだったか，数を数える。** ・相性チェックを行う。 〈相性チェック〉 　10個すべて（超！相性良すぎ！） 　9〜7個（相性かなりいいね！）　6〜4個（まあまあかな？） 　3〜1個（厳しい2人）　0個（まあ，我慢して付き合おう）
❸	振り返る。（3分）	○**活動を振り返る。** ・不定詞の名詞的用法との違いを確認する。　【主体的な学び】

Worksheet

【動名詞】
ザ・相性チェック！
君と友達との間は？

Class (　　　) Number (　　　) Name (　　　　　　　　　)

Step 1 次の①〜⑩の質問に Yes か No のどちらかで答えよう。Yes. なら○を，No. なら×を書いていこう。

10 Questions

		あなた	友達1	友達2
①	Do you like reading books?			
②	Do you like studying English?			
③	Do you like watching soccer games?			
④	Do you enjoy swimming?			
⑤	Do you enjoy watching Western movies?			
⑥	Do you enjoy going shopping?			
⑦	Do you like talking?			
⑧	Do you like eating?			
⑨	Do you enjoy singing karaoke?			
⑩	Do you enjoy using a computer?			

Step 2 友達2人と相性チェックをしよう。例にならって，質問していくよ。どちらの友達の方が相性がよいか質問し合ってみよう。

例) A：Do you like reading books?
　　B：Yes, I do.　Do you like reading books?
　　A：Yes, I do.

いくつ一致しましたか？　友達1 (　　　　) 個　　友達2 (　　　　) 個

Let's reflect! 振り返ってみよう
①積極的に英語を使って質問しようと思いましたか。【主体的な学び】　　5 4 3 2 1
②友達との対話を通じ，友達のことがよく知れましたか。【対話的な学び】　5 4 3 2 1
③動名詞「〜すること」の言い方がわかりましたか。【深い学び】　　　　5 4 3 2 1

接続詞 when

14 あなたも作家！

✔ 活動時間　約20分　　✔ 言語活動　話す・聞く　　✔ AL の視点　主体的な学び

接 続詞の when を導入（インプット→理解）したら，深い理解（内在化→統合）へと生徒を導くために，英文を考えさせ，書かせる活動を行います。ここでは，前半部分を読み，後半を自由に英作文する方法と，後半部分を示し，前半を When で始まる英文を考えさせる2つのライティング活動を用意しています。生徒の状況に応じ，どちらか1つでもいいでしょう。

【指導手順】　INPUT　気づき ➡ 理解 ➡ 内在化 ➡ 統合　OUTPUT

	学習内容	▶生徒の学習活動　●AL の視点　・留意点
❶	**Step1** を行う。 英文の続きを考える。 （5分）	▷**英文の後半部分を考える。** T：Look at the phrases. Let's complete them by adding some information to make a sentence. When I opened the door, <u>a big bear was standing.</u> You choose three sentences out of seven. Any ideas are OK. T：I'll give you 5 minutes. Complete the sentences.
❷	**Step2** を行う。 英文の前半を考える。 （5分）	▷**英文の前半部分を考える。** T：Look at **Step2**. Let's complete the phrases to make a sentence. <u>When I finished washing my father's car,</u> it began raining.
❸	**Step3** を行う。 ①グループで発表する。 （2分）	○**自分が書いた文をグループで発表し合う。** T：Now, make groups and share your ideas with your group. ・読み合いながら，よい作品を選ぶ。　　　　【対話的な学び】
	②班対抗「笑点」を行う。 （7分）	○**班対抗「英語 de 笑点」を行う。** ・テレビ番組の「笑点」のように生徒の発言に合わせ，座布団を得点に見立て，班対抗ゲームを行う。 S₁：When I looked out of the window I saw a beautiful rainbow. T：That's really beautiful. 3 cushions! ・黒板に得点表を書く。　　　　　　　　　　【主体的な学び】
❹	振り返る。（1分）	○**活動を振り返る。**　　　　　　　　　　　　【主体的な学び】

096

Worksheet

【接続詞 when】

あなたも作家！

Class (　　　) Number (　　　) Name (　　　　　　　　　　)

Step1　次の①〜⑦の７つの英文の中から３つ選び，後半部分を考えてみよう。

例）When I opened the front door, <u>a big bear was standing.</u>

① When I opened the front door, _____

② When I looked out of the window, _____

③ When I came home last night, _____

④ When I have free time, _____

⑤ When I was a baby, _____

⑥ When I am sleeping, _____

⑦ When I cleaned my room, _____

Step2　今度は，①〜⑦の中から３つ選び，前半部分を考えてみよう。

例）<u>When I finished washing my father's car,</u> it began raining.

① _____, it began raining.

② _____, I lost my wallet.

③ _____, I was shocked.

④ _____, I was happy.

⑤ _____, people were kind to me.

⑥ _____, I saw a shooting star.

⑦ _____, they were too heavy.

Step3　自分の作った文をクラスのみんなに発表してみよう。

Let's reflect! 振り返ってみよう

①積極的に手を挙げて，発表しようとしましたか。【**主体的な学び**】　　5　4　3　2　1

②友達の作品を読んで，多くの表現の仕方が学べましたか。【**対話的な学び**】　　5　4　3　2　1

③ when の使い方がわかりましたか。【**深い学び**】　　5　4　3　2　1

接続詞 if

15 海外の迷信に挑戦！

✔活動時間　約16分　　✔言語活動　話す・聞く・書く　　✔AL の視点　主体的な学び

if を生徒に使わせようとするには，If you have free time, ... や Let's go shopping if .... の後半部分を考えさせる活動や，If が使われている名言の読み取り，そして今回の迷信などが考えられます。名言では，Walt Disney の If you can dream it, you can do it. や，シンデレラの If you keep on believing, the dream that you wish come true. 等を例示として挙げ，生徒に作らせても面白いです。

【指導手順】 (INPUT) 気づき ➡ 理解 ➡ 内在化 ➡ **統合** (OUTPUT)

学習内容	▶生徒の学習活動　●AL の視点　・留意点
❶ **Step1** を行う。 ①迷信とは何かを理解する。 　英文の続きを考える。 （2分）	▷日本の迷信を英語で聞きながら，迷信とは何か理解する。 **T**：Today, we are going to learn about superstitions. What's superstition? For example, 　"**If** a swallow flies low, it will ...." **S**：rain **T**：That's right. This is a superstition, 迷信.　How about this? 　"If we sleep soon after eating, we will be ...." **S**：cow **T**：Right. But we never become cows. Next .... ・日本の迷信を紹介しながら，迷信とは何かを理解させる。
②外国の迷信を読む。 （10分）	○外国の迷信を読む。 **T**：I'll give you a worksheet. Look at these superstitions and read them with your partners. If you see unknown words, look up in your dictionary or ask your friends. ・予想される困難語（knock / luck / inside out / get married / in front of / itchy / palm / ladder 等）があるが，辞書を引いたり，友達に尋ねたりしながら，外国の迷信を読み解く〈協働的〉な学習を推進する。　　　　　【対話的・協働的な学び】
❷ **Step2** を行う。 日本の迷信を完成する。 （3分）	○日本の迷信について理解する。 **T**：Look at **step2**. Complete the Japanese superstitions. ・時間を3分程度とる。　　　　　　　　　　　　　【主体的な学び】
❸ 振り返る。（1分）	○活動を振り返る。　　　　　　　　　　　　　　【主体的な学び】

098

Worksheet

【接続詞 if】

海外の迷信に挑戦！

Class ( )　Number ( )　Name ( )

Step 1　海外の迷信を集めてみたよ。あなたが信じたい迷信の（　）に○をしよう。

( ) ① If you knock on woods, bad luck will go away. (America)
( ) ② If you wear clothes inside out, good news will come to you. (America)
( ) ③ If you sing in front of a kitchen stove, you can't get married. (the Pillipines)
( ) ④ If you break a mirror, bad luck will be with you for 7 years. (America)
( ) ⑤ If you open an umbrella in a house, bad luck will come. (America)
( ) ⑥ If a black cat crosses in front of you, bad luck will come to you. (America)
( ) ⑦ If a black cat crosses in front of you, you'll have good luck. (England)
( ) ⑧ If your palm is itchy, money will come to you. (America)
( ) ⑨ If you walk under a ladder, bad luck will come to you. (America)
( ) ⑩ If you dream of a pig in your sleep, you'll be rich. (Korea)

Step 2　日本では？　右の選択肢から選んで（　）に書いてみよう。

① If you kill an ant, (　　)
② If you whistle at night, (　　)
③ If you see a spider in the morning, (　　)
④ If you see a spider at night, (　　)
⑤ If you clean a toilet, (　　)
⑥ If you sleep soon after eating, (　　)

ク) a snake will come.
タ) you'll have a cute baby.
キ) a bad thing will happen.
デ) a good luck will come.
ネ) you'll be a cow.
ヨ) it will rain.

あなたの知っている迷信を英語で書いてみよう。

Let's reflect!　振り返ってみよう

①積極的に世界の迷信について読もうとしましたか。【主体的な学び】　　5　4　3　2　1
②英文を読み，友達と迷信について情報交換できましたか。【対話的な学び】　5　4　3　2　1
③ if の意味と使い方がわかりましたか。【深い学び】　　　　　　　　　　5　4　3　2　1

099

比較（比較級）

16 Spot the Difference!

✔ 活動時間　約15分　　✔ 言語活動　話す・聞く・書く　　✔ AL の視点　対話的な学び

今回は，タスク型の活動を提示します。タスク活動は統合的な活動であり，非言語的なゴールを設定するのが通常です。つまり，大きな課題を示し，その課題を解決するために英語を使用します。意味を重視し，活動の成果を求めるのがタスク活動になります。さて，間違い探しは，お互いの生徒が口頭のみで行うことで，必然的に「話す・聞く」の活動が保証されます。

【指導手順】　(INPUT)　気づき ➡ 理解 ➡ 内在化 ➡ **統合**　(OUTPUT)

	学習内容	▶生徒の学習活動　　●AL の視点　　・留意点
❶	**Step1** を行う。 ①間違い探し（7分）	○**カードは見せ合わず，英語だけを使って間違いを探す。** T : I'll give you a card. But don't show it to your pairs. ・AカードとBカードでは色の違う紙に印刷するとよい。 T : There are 5 differences between your card and your partner's. 　Spot the differences and share the differences. ・例示として，黒板に示しながら，やり方を教える。 〈約束〉　①友達と協力して間違いを探す。 　　　　　②必ず英語を使って探す。 　Tom is taller than Maki.　Maki is shorter than Kenji. 【対話的・協働的な学び】 ○**間違いを発表する。** ・指名をせず，自発的な発表を促す。　　　　【主体的な学び】
	②答え合わせ（4分）	
❷	**Step2** を行う。 カードを見て，比較級の文を5つ以上書く。（3分）	▷**カードを見て，比較級の文を5つ以上書く。** T : Look at your card. Write 5 sentences such as "Tom is taller than Yumi.", "Kenji's dog is bigger than Jame's." 　Write 5 sentences and more on your notebook. ・口頭で言ったものを書くことで正確さを確認する。 ・5つ書けた生徒は，ノートを持って来させる。
❸	振り返る。（1分）	○**活動を振り返る。**　　　　　　　　　　【主体的な学び】

100

Worksheet

CardA Spot the Difference!

Class (   )   Number (   )   Name (   )

★友達と間違い探しをしよう。「背の高さ」等を比較して、5つの間違いを探そう。

Tom   Maki   Kenji   Yumi   James   Lucy   Bob

CardB Spot the Difference!

Class (   )   Number (   )   Name (   )

★友達と間違い探しをしよう。「背の高さ」等を比較して、5つの間違いを探そう。

Tom   Maki   Kenji   Yumi   James   Lucy   Bob

101

比較（最上級）

17 高い順，長い順に並べ替えてみよう

✔ 活動時間　約20分　　✔ 言語活動　話す・聞く　　✔AL の視点　対話的な学び

基本的な文構造が理解でき，少し口頭練習をした後には，考えて話す，統合型のアクティビティをやりながら，実際に活用できるかどうか練習してみます。今回は，前回の比較級を交えて，グループで順番を相談しながら行うアクティブ・ラーニングです。答えを発表するときも，最上級や比較級を使って答えさせ，習熟させます。

【指導手順】　INPUT　気づき ➡ 理解 ➡ 内在化 ➡ **統合**　OUTPUT

	学習内容	▶生徒の学習活動　●AL の視点　・留意点
❶	**Step 1** を行う。 ①班で話し合う。（7分）	○グループで山の高い順，川の長い順になるように話し合って，結論を出す。 **T**：Look at the worksheet. Which do you think is the highest mountain of the four? You have to use English. Share your ideas in English. **S₁**：I'm sure that Mt. Fuji is the highest. **S₂**：I think Mt. Zao is higher than Mt. Asama. **S₃**：Let me see, ... ・情報を交換するときに，できるだけ英語を使わせる。
	②答え合わせ（2分）	○生徒に発表させ，答え合わせをする。　　　　　　【対話的な学び】
❷	**Step 2** ①班で話し合う。（7分）	○世界の山や川に挑戦する。 **T**：Now, this time, stand up and ask your friends questions and write their answers on your worksheet. ・時間を7分程度とる。　　　　　　　　　　　　【対話的な学び】
	②答え合わせ（2分）	▷生徒に発表させ，答え合わせをする。
❸	振り返る。（1分）	○活動を振り返る。　　　　　　　　　　　　　　【主体的な学び】

〈日本の山・川〉		〈世界の山・川〉	
1.富士山 (3776m)	1.信濃川 (367km)	1.エベレスト (8848m)	1.ナイル川 (6695km)
2.浅間山 (2568m)	2.利根川 (322km)	2.キリマンジャロ (5895m)	2.アマゾン川 (6516km)
3.蔵王山 (1841m)	3.石狩川 (268km)	3.モンブラン (4810m)	3.黄河 (5464km)
4.阿蘇山 (1592m)	4.四万十川 (196km)	4.コジオスコ (2228m)	4.ミシシッピ川 (3766km)

102

【比較（最上級）】

高い順，長い順に並べ替えてみよう

Class (　　) Number (　　) Name (　　　　　　　　　)

Step 1 例にならって，山は高い順に，川は長い順に並べ替えてみよう。

例) I know that Mt. Fuji is **the highest** in Japan.
　　I think Mt. Zao is **higher than** Mt. Aso.

【日本の山】　　　　　　　　　　　【日本の川】

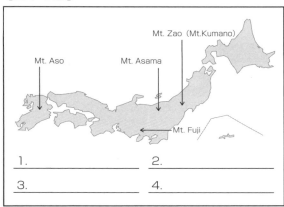
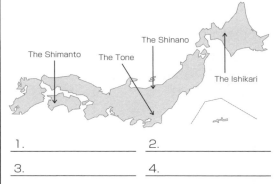

1. _____　2. _____
3. _____　4. _____

1. _____　2. _____
3. _____　4. _____

Step 2 今度は，世界に挑戦してみよう。

【世界の山】　　　　　　　　　　　【世界の川】

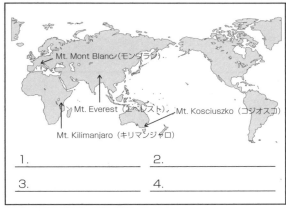
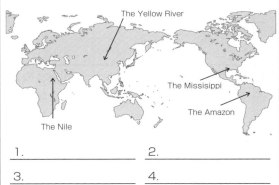

1. _____　2. _____
3. _____　4. _____

1. _____　2. _____
3. _____　4. _____

Let's reflect! 振り返ってみよう

① 積極的に英語を使って伝えようとしましたか。【主体的な学び】　　　5 4 3 2 1
② 友達と対話をしながら，比較の言い方がわかりましたか。【対話的な学び】　5 4 3 2 1
③ 最上級や比較級をどのように使えばいいかわかりましたか。【深い学び】　5 4 3 2 1

比較 as-as

18 大発見！
身近な as-as を探そう

✔活動時間　約15分　　✔言語活動　話す・聞く・書く　　✔AL の視点　対話的な学び

as -as の導入は，芸能人ネタで同じくらいの身長や年齢，またアニメネタでは，目玉おやじとアリエッティが同じくらいの背の高さであることを伝えながら，as-as の意味を類推させ，気づきを生ませます。その後，絵を見てできるだけたくさん作る「内在化（intake）」を図るため，**Step2** で実際に自分で英文を作らせ，深い理解に導きます。

【指導手順】　(INPUT)　気づき ➡ 理解 ➡ **内在化** ➡ 統合　(OUTPUT)

	学習内容	▶生徒の学習活動　●AL の視点　・留意点
❶	**Step 1** を行う。 ① as-as の文をできるだけ多く考える。（1分）	▷**絵を見て，as-as の文をできるだけ多く考える。** 　　例）Ken is as old as Hiroshi. 　　　　Maki is as tall as Hiroshi. 　　　　Hiroshi's hair is as long as Yumi's. 　　　　Ken's dog is as big as Sayuri's. 　　　　Maki's cat is as big as Hiroshi's.
	②消しゴムトーク（5分）	○**ペアで1文ずつ言っていく。** ・消しゴムを用意し，1つ as-as の英文を言ったら，相手に消しゴムを渡す。2分経ったところで，やめる。消しゴムを持っていない生徒が勝ち。 ・時間があれば，第2回戦を行い，今度は前後のペアをくっつけて4人組で行う。　　　　　　　　　　　　　　　【対話的な学び】
❷	**Step 2** を行う。 as-as の文を考えて書く。 　　　　　　　（5分）	▷ **as-as の文を考えて書く。** ・身近なものや，世の中のことで，as-as の文を自分で考え，2つ以上作る。 　　例）Mr.Yamada is as old as Ms. Asami. ・できるだけ周りの人が知らない情報がよい。
❸	**Step 3** を行う。 as-as 大賞を選ぶ。（3分）	○**グループで as-as 大賞を1つ決める。** ・1人ずつ自分で作った文を発表し，1つよい作品を選び，クラスに発表する。
❹	振り返る。（1分）	○**活動を振り返る。**　　　　　　　　　　　【主体的な学び】

104

Worksheet

【比較 as-as】
大発見！
身近な as-as を探そう

Class (　　) Number (　　) Name (　　　　　　　　)

Step 1　次の絵を見て，できるだけ多く as-as の文を言ってみよう。

Ken	Maki	Yumi	Hiroshi	Sayuri
12歳	15歳	15歳	12歳	13歳

Step 2　あなたの身近なことや，世の中のことで，同じくらいのものを見つけ出し，as-as の文を2つ以上書いてみよう。できるだけ周りの人が知らない情報だといいね！

Step 3　見つけた as-as をグループで出し合い，グループの as-as 大賞を決め，あとでクラスのみんなに発表しよう。
【うちの班の as-as 大賞はこれだ！】

― Let's reflect!　振り返ってみよう
①積極的に英語を使って伝えようとしましたか。【主体的な学び】　　　5 4 3 2 1
②友達と対話をしながら，as-as の言い方がわかりましたか。【対話的な学び】　5 4 3 2 1
③ as-as の使い方を友達に説明できますか。【深い学び】　　　　　　5 4 3 2 1

105

比較 more / the most

19 あなたの興味ある教科は？

✔活動時間　約14分　　✔言語活動　話す・聞く　　✔ALの視点　対話的な学び

　more / the most では，私は「白雪姫スキット」で導入するのが定番となっています。目的は，「人前で堂々とスキットを演じることができる」という態度面でのねらいがありますが，と同時に，Who is the most beautiful in the world? や Snow White is more beautiful than you. という比較の表現も扱えるからです。導入とスキット発表を1時間の授業で，本時はその2時間目という想定です。

【指導手順】　(INPUT)　気づき ➡ 理解 ➡ 内在化 ➡ 統合　(OUTPUT)

	学習内容	▶生徒の学習活動　●ALの視点　・留意点
❶	**Step1** を行う。 興味のある教科ベスト3を読み取る。（5分）	○ケンの興味のある教科を読み取る。 **T**：Look at **Step1** on the worksheet. Ken is talking about interesting subjects. Read it and write the three most interesting subjects. Work in pairs. ・ペアで協力し，順位を読み取らせる。 ・簡単に答え合わせを行う。 　　　　　　　　　　　　　　　　　　【対話的な学び】
❷	**Step2** を行う。 友達にインタビューする。 （5分）	○クラスのみんなにインタビューし，調査する。 **T**：Now, you ask as many friends as you can, "What is the most interesting subject?" Complete the graph. ・対話例を読み上げ，練習させる。 ・2通りの返答の仕方があり，どちらで言ってもよいことを教える。 　　例）English is the most interesting. 　　　　The most interesting subject is English. 　　　　　　　　　　　　　　　　　　【対話的な学び】
❸	**Step3** を行う。 調査結果を報告する。 （3分）	○調査結果をペアで報告する。 **T**：Let's see **Step3**. Share the result of your interview. **S₁**：English is the most interesting. **S₂**：Really? My result is that P.E. is the most interesting. 　　　　　　　　　　　　　　　　　　【深い学び】
❹	振り返る。（1分）	○活動を振り返る。　　　　　　　【主体的な学び】

Worksheet

【比較 more / the most】

あなたの興味ある教科は？

Class (　　) Number (　　) Name (　　　　　　　　　)

Step 1 ケンが好きな教科を発表しているよ。「5教科」また「技能教科」のベスト3を読み取って，書いてみよう。

Japanese is more interesting than math.
Math is more interesting than social studies.
Science is more interesting than Japanese.
English is the most interesting of the five.

Technical course is more interesting than music.
Home economic is more interesting than art.
Art is more interesting than technical course.
P.E. is the most interesting of the five.

【5教科ベスト3】　　1_____　2_____　3_____
【技能教科ベスト3】　1_____　2_____　3_____

Step 2 できるだけ多くの友達に質問し，興味のある教科をグラフにしてみよう。

例) A : What is the most interesting subject?
　　B : Science is the most interesting subject. How about you?
　　A : The most interesting subject is English!

Step 3 調査結果を報告し合おう。

例) A : English is the most ineteresting in class.
　　B : Really? P.E. is the most interesting.
　　A : What is the second most interesting subject?
　　B : The second most interesting one is music.

	国	社	数	理	英	音	美	技	家	体
10										
9										
8										
7										
6										
5										
4										
3										
2										
1										

Let's reflect! 振り返ってみよう

①積極的に英語を使って好きな教科を伝えようとしましたか。【主体的な学び】　　5 4 3 2 1
②友達との対話を通じ，比較の言い方に慣れてきましたか。【対話的な学び】　　5 4 3 2 1
③どういうときに more や the most を使うかわかりましたか。【深い学び】　　5 4 3 2 1

107

比較 better / the best

20 好きな教科や季節を聞き出そう！

✔ 活動時間　約15分　　✔ 言語活動　話す・聞く　　✔ AL の視点　対話的な学び

b etter, the best は，ともに good (well) の比較級，最上級です。よって，「〜の方が…よりもよい」「〜が一番よい」ということを教えます。と同時に，like ... better / the best のような使い方があることも扱います。今回のアクティビティは，like ... better / the best の意味のある対話を行いながら，内在化を図るねらいがあります。

【指導手順】 **INPUT** 　気づき ➡ 理解 ➡ **内在化** ➡ 統合 **OUTPUT**

	学習内容	▶生徒の学習活動　● AL の視点　・留意点
❶	**Step1** を行う。 ①好きな順番を，表に数字で書き入れる。（1分）	▷**比較の表現を用い，友達の好きな教科の順番を知る。** **T**：What subject do you like the best? **S₁**：I like P.E. the best. **T**：Which do you like better, English or math? **S₁**：I like English better. **T**：Today, you're going to ask your friends about their favorite subject and season. ・ワークシートを配り，**Step1** の表を見させ，自分の好きな順を数字で書かせる。
	②友達に質問する。（5分）	○**友達に質問し，友達の好きな順を知る。** **T**：Look at the example. ・例を読み上げ，ケンの好きな教科の順番を理解させる。 **T**：Let's ask your friends.　　　　　　　　　【対話的な学び】
❷	**Step2** を行う。 ①好きな季節の順番を尋ねる。（5分） ②報告文を書く。（3分）	○**同様の方法で，好きな季節の順番を尋ねる。** ・**Step1** で一度やっているので，スムーズにできる。 　　　　　　　　　　　　　　　　　　　　　【対話的な学び】 ○**インタビューした報告文を書く。** **T**：You've asked two friends, choose one of them and write about him / her. 　例）Taku likes summer the best. He likes fall better than winter.　　　　　　　　　　　　　【深い学び】
❸	振り返る。（1分）	○**活動を振り返る。**　　　　　　　　　　　【主体的な学び】

Worksheet

【比較 better / the best】

好きな教科や季節を聞き出そう！

Class (　　) Number (　　) Name (　　　　　　　　)

Step 1 例にならって，友達に5教科の中で，好きな教科の順番を聞き出そう。
まずは自分の好きな順を数字で書いておこう。

【教科（subject）】

	あなた	友達	友達
Japanese			
social studies			
math			
science			
English			

例) Ken : I like Japanese the best.
　　Maki : Which do you like better, social studies or math?
　　Ken : I like math better.
　　Maki : Which do you like better, math or science?
　　Ken : I like math better.
　　Maki : Which do you like better, social studies or science?
　　Ken : I like science better.

Step 2 今度は，「好きな季節」を聞き出そう。その後，友達の1人について，報告文を書こう。

【季節（season）】

	あなた	友達	友達
spring			
summer			
fall / autumn			
winter			

【報告文】

Let's reflect! 振り返ってみよう

①積極的に英語を使って尋ねようとしましたか。【主体的な学び】　　　5 4 3 2 1
②友達と対話を通し，尋ね方や答え方がわかりましたか。【対話的な学び】　5 4 3 2 1
③どういうときに，better や the best を使うか説明できますか。【深い学び】　5 4 3 2 1

Chapter 4　中学3年　アクティブ・ラーニングの英文法指導アクティビティ＆ワーク

call A B

え？アメリカの州にあだ名があるの？

What do you call this? --- I call it Angel City.

✔ 活動時間　約20分　　✔ 言語活動　読む・話す・聞く　　✔ AL の視点　主体的な学び

　call A B の構文の練習では，教科書等には，「Please call me John.」のように名前のニックネームを扱うことも多いようです。しかし最近の生徒にはあだ名がなかったり，ただ名前で呼ばれたりしていることもあります。そこで今回の文法アクティブ・ラーニングは，異文化理解を兼ねて「アメリカの州の名前とあだ名」を扱おうと思います。また発展として外国人のあだ名を扱えるといいです。

【指導手順】　INPUT　気づき　➡　理解　➡　内在化　➡　統合　OUTPUT

	学習内容	▶生徒の学習活動　●AL の視点　・留意点
❶	活動のねらいを確認する。（2分）	・黒板にアメリカの地図と日本の地図を貼る。 T：In Japan, we have 47 prefectures. In the U.S.A., there are 50 states. In the U.S.A., each state has a nickname. ・カリフォルニア州を The Golden States と呼んでいる例を挙げ，州にはあだ名があることを教える。
❷	ワークシートを配る。（2分）	**3種類のワークシート（A・B・C）があるので，隣の列の人と同じワークシートが来ないように配る。** ○州名の読み方（発音）と場所を地図で確認する。
❸	**Activity 1**（3分） ・**Step1** を読みながら，**Step2** を行う。	T：Read and connect the dots. ・ワークシートの **Step1** の最初の2行を読み，やり方の例を示すとよい。 ・時間を2分程度とる。 【主体的な学び】
❹	**Activity 2**（12分） ・ペア活動 ・自由活動	・隣同士のペアにさせ，線で結んでいないところを聞き合う。その際，What do they call 'Los Angeles'? They call it 'The Angel State'. のように，they を使うことを教える。 【対話的な学び】 T：Make pairs and ask your friends. 　　Use "What do they call …?" and answer "They call …". ・隣同士のペアでは，すべて線が引けないので，残っているところは自由に立って質問する時間をとる。
❺	振り返る。（1分）	○生徒に質問しながら答えを確認する。　　【深い学び】

110

Worksheet A

【call A B】
え？アメリカの州にあだ名があるの？
What do you call this? --- I call it Angel City.

Class (　　) Number (　　) Name (　　　　　　　　)

In Japan, we have 47 prefectures. In the U.S.A., there are 50 states. In the U.S.A., each state has a nickname. Let's read and connect states and their nicknames. Do not worry if you won't find all the nicknames. You'll have time to ask your friends and you can complete the list.

Step 1 Read it!

Hey, I'm Maria from New York. You know every state in my country has a nickname. Now I'll tell you about 4 state's nicknames. First, we call New York "The Big Apple". My grandmother lives in Missouri, we call it "The Show Me State". Because the people in Missouri are very *suspicious. My sister lives in Hawaii, we call it "Aloha State" because Aloha is a greeting word "Hello" in Hawaii. Lastly, let's see Florida state. It has about 230 sunny days in a year. So we call it "The Sunshine State". *suspicious 疑い深い

Step 2 Connect the dots!

① New York (ニューヨーク州)・	・The Pine Tree State
② Oregon (オレゴン州)・	・The Big Sky Country
③ Nevada (ネバダ州)・	・The Big Apple
④ Missouri (ミズーリ州)・	・The Aloha state
⑤ Main (メイン州)・	・The Sunshine State
⑥ Wyoming (ワイオミング州)・	・The Beaver State
⑦ Hawaii (ハワイ州)・	・The Silver State
⑧ Montana (モンタナ州)・	・The Cowboy State
⑨ Wasington (ワシントン州)・	・The Show Me State
⑩ Florida (フロリダ州)・	・The Evergreen State

Let's reflect! 振り返ってみよう

①英文を読んだり，友達に英語で尋ねようとしましたか。【主体的な学び】　　5　4　3　2　1
②自分が知っていることを積極的に友達に伝えようとしましたか。【対話的な学び】　5　4　3　2　1
③「〜を…と呼ぶ」の表現を友達に教えることができますか。【深い学び】　　　　5　4　3　2　1

111

Worksheet B

【call A B】
え？アメリカの州にあだ名があるの？
What do you call this? --- I call it Angel City.

....

Class (   )   Number (   )   Name (   )

In Japan, we have 47 prefectures. In the U.S.A., there are 50 states. In the U.S.A., each state has a nickname. Let's read and connect states and their nicknames. Do not worry if you won't find all the nicknames. You'll have time to ask your friends and you can complete the list.

Step1 ▶ Read it!

Hey, I'm Maria from New York. You know every state in my country has a nickname. Now I'll tell you about 4 state's nicknames. First, we call Oregon "The Beaver State". My grandfather lives in Main, we call it "The Pine Tree State". Because there are a lot of pine tree in this state. My brother lives in Montana, we call it "The Big Sky Country" because the sky is so beautiful. Lastly, let's see Washington state. It has lots of green leaves tree all year round. So we call it "The Evergreen State".

Step2 ▶ Connect the dots!

① New York (ニューヨーク州)　•	•　The Pine Tree State
② Oregon (オレゴン州)　•	•　The Big Sky Country
③ Nevada (ネバダ州)　•	•　The Big Apple
④ Missouri (ミズーリー州)　•	•　The Aloha state
⑤ Main (メイン州)　•	•　The Sunshine State
⑥ Wyoming (ワイオミング州)　•	•　The Beaver State
⑦ Hawaii (ハワイ州)　•	•　The Silver State
⑧ Montana (モンタナ州)　•	•　The Cowboy State
⑨ Wasington (ワシントン州)　•	•　The Show Me State
⑩ Florida (フロリダ州)　•	•　The Evergreen State

Let's reflect! 〔振り返ってみよう〕

①英文を読んだり，友達に英語で尋ねようとしましたか。【主体的な学び】　　　　5　4　3　2　1
②自分が知っていることを積極的に友達に伝えようとしましたか。【対話的な学び】　5　4　3　2　1
③「〜を…と呼ぶ」の表現を友達に教えることができますか。【深い学び】　　　　5　4　3　2　1

─ Worksheet C ─

【call A B】

え？アメリカの州にあだ名があるの？

What do you call this? --- I call it Angel City.

....

Class (　　　) Number (　　　) Name (　　　　　　　　　)

In Japan, we have 47 prefectures. In the U.S.A., there are 50 states. In the U.S.A., each state has a nickname. Let's read and connect states and their nicknames. Do not worry it you won't find all the nicknames. You'll have time to ask your friends and you can complete the list.

Step 1 ▶ Read it!

Hey, I'm Maria from New York. You know every state in my country has a nickname. Now I'll tell you about 4 state's nicknames. First, we call New York "The Big Apple". My aunt lives in Nevada, we call it "The Silver State". Because it used to have silver mountain in the west and people were rich. My uncle lives in Wyoming, we call it "The Cowboy State" because they keep cows in this state. Lastly, let's see state.

Step 2 ▶ Connect the dots!

① New York (ニューヨーク州)　•　　　　•　The Pine Tree State
② Oregon (オレゴン州)　•　　　　•　The Big Sky Country
③ Nevada (ネバダ州)　•　　　　•　The Big Apple
④ Missouri (ミズーリー州)　•　　　　•　The Aloha state
⑤ Main (メイン州)　•　　　　•　The Sunshine State
⑥ Wyoming (ワイオミング州)　•　　　　•　The Beaver State
⑦ Hawaii (ハワイ州)　•　　　　•　The Silver State
⑧ Montana (モンタナ州)　•　　　　•　The Cowboy State
⑨ Wasington (ワシントン州)　•　　　　•　The Show Me State
⑩ Florida (フロリダ州)　•　　　　•　The Evergreen State

Let's reflect! 〔振り返ってみよう〕

①英文を読んだり，友達に英語で尋ねようとしましたか。【主体的な学び】　　5 4 3 2 1
②自分が知っていることを積極的に友達に伝えようとしましたか。【対話的な学び】　5 4 3 2 1
③「〜を…と呼ぶ」の表現を友達に教えることができますか。【深い学び】　　5 4 3 2 1

受け身

2 名作発見！

✔ 活動時間　約20分　　✔ 言語活動　読む・聞く　　✔ AL の視点　主体的な学び

私 は前々から，物語の冒頭を英語で生徒に読ませたいと思っていました。名作と呼ばれる物語の冒頭は，実は暗唱してもよいくらいの日本語の名文です。その名文の英語版を生徒に読ませ，どの程度知っているのか，単なる英語力の勝負でなく，さまざまな知識を総動員させて行う活動です。よって，仲間と共に行う協働的な活動にピッタリだと思っています。

【指導手順】 （INPUT）　気づき ➡ 理解 ➡ 内在化 ➡ **統合** （OUTPUT）

	学習内容	▶生徒の学習活動　　● AL の視点　　・留意点
❶	**Step 1** を行う。 活動のやり方とねらいを確認する。（3分）	▷**ワークシートを配り，物語は何か当てさせる。** Everybody in Ikeno-o city knows his nose. It is about 15 to 18 centimeters long. It can alsmost reaches to the chin and It's really big and long. ・おそらくほとんどの生徒は知らないであろう。この活動で，芥川龍之介の『鼻』を読んでみたいと思う生徒が出てくることを願うと同時に日本の名作にも触れ，読書に親しむ生徒へと期待する。
❷	**Step 2** を行う。（15分）	**T**：Now, make groups of four. Read and guess by whom the book was written. (Who wrote the book?) 　　ex) This book was written by Akutagawa Ryunosuke. The title is Nose. ・仲間と共に協力しながら課題解決を図るには，やや難しい課題であったほうがよい。 ・ペアであれば，先導役の司会は必要ないが，4人組だと，誰かしら，まとめ役が必要である。協働的な学習の場合はそのような役割分担が自然と生まれるように生徒に指導しておきたい。 　　　　　　　　　　　　　　　　　　　　　　　【協働的な学び】
❸	答え合わせと form の確認・振り返り（2分）	・答え合わせをする。このとき，実際に本や冒頭部の日本語版を生徒に提示してもよい。 ・受け身のフォームを再確認する。 ・時間があれば発展を行ったり，家庭学習にしたりする。 　　　　　　　　　　　　　　　　　　　　　　　　　【深い学び】 【Step2 の答え】❶枕草子（清少納言）❷吾輩は猫である（夏目漱石）❸雨にも負けず（宮沢賢治）❹雪国（川端康成）❺羅生門（芥川龍之介）❻城の崎にて（志賀直哉）

Worksheet

【受け身】

名作発見！

. . . .

Class (   ) Number (   ) Name (   )

Step 1 この物語はな〜んだ？

Everybody in Ikeno-o city knows his nose. It is about 15 to 18 centimeters long. It can almost reach to the chin and It's really big and long.

--- This book was written by (   ). The title is (   ).

Step 2 物語の出だしを読んで，誰に書かれた本か，上の例にならって書いてみよう。

❶ In spring, it is the most beautiful time at dawn, when the sun is just rising up.

❷ I am a cat. I have no name so far. I have no idea where I was born. I only remembered that I was crying at a dark room.

❸ I will not give in to the rain.
I will not give in to the wind.
I will have a healthy body that won't give in to the snow or to summer's heat.

❹ When I went out through a long tunnel located at the border of the two prefectures, I saw a snow country there.

❺ One day in the evening, a man was waiting for the rain to stop at a gate called Ra-sho-mon. There were no one there except him.

❻ I was hit by a train on Yamanote Line and got injured. I went to Kinosaki hot spring alone to cure the injury alone.

〈 Answering corners 〉

❶ _____

❷ _____

❸ _____

❹ _____

❺ _____

❻ _____

Let's reflect! (振り返ってみよう)

①積極的に英文を読んだり，友達に英語で尋ねようとしましたか。【主体的な学び】　　5　4　3　2　1
②わかったことを積極的に友達に伝えようとしましたか。【対話的な学び】　　5　4　3　2　1
③受け身の形や意味を友達に教えることができますか。【深い学び】　　5　4　3　2　1

115

現在完了（継続）

3 あなたも！ストーリーテラー①

✔活動時間　約15分　　✔言語活動　読む・書く　　✔AL の視点　主体的な学び

現 在完了の概念は，日本語にはありません。第二言語習得理論の視点では，母語にない文構造は習得しづらいと言います。私たちは「10年間，この街に住んでいます」と現在形を使って言います。それを英語でそのまま I live in this town for 10 years. とは言いません。また昔やっていて今やっていないことには現在完了形は使えず，過去形になります。そのような違いを深く理解させたいです。

【指導手順】　(INPUT)　気づき ➡ 理解 ➡ 内在化 ➡ 統合　(OUTPUT)

	学習内容	▶生徒の学習活動　●AL の視点　・留意点
❶	**Step1** を行う。 ①4コマ目のセリフを考えて書く。（6分）	▷4コマ漫画の最後のセリフを考えて書く。 **T**：Look at the worksheet and think what the last lines would. Try to write at least two lines. I'll give you 5 minutes. ・過去にしていたことを現在も行っていると言うときに，現在完了の継続用法を使うということを理解させる。 ・1文でも多く書くよう指示する。
	②班で1つ名セリフを決める。（2分）	○4人グループにし，お互いの作品を発表し合う。 **T**：Let's make groups and choose the **best** one in your group. I'll give you 2 minutes. ・班で名セリフが発表できるように話し合わせる。 【対話的・協働的な学び】
	③発表する。（2分）	○発表する。 **T**：Now, it's time to share your ideas. Each group has to share. So which group wants to be the first? ・必要に応じ，名セリフ賞を決める。 【対話的な学び】
❷	**Step2** を行う。 自分の英文を書く。（4分）	○自分が継続してやっていることを3つ以上書く。 **T**：Look at **Step2**. There are two examples. You are going to write about yourself something you have started doing which you continued doing until now. Write three things. 【深い学び】
❸	振り返る。（1分）	○活動を振り返る。　　　　　　　　　　【主体的な学び】

116

Worksheet

【現在完了（継続）】

あなたも！ストーリーテラー①

Class (　　　) Number (　　　) Name (　　　　　　　　　　)

Step 1 次のようなとき，最後の4コマ目には，どんなセリフを入れますか？

① 4コマ目の英文→（　　　　　　　　　　　　　　　　　　　　　　　　　　　）

10年前（中学入学式）	8年前（中学卒業式）	3年前（成人式）	同窓会でプロポーズ！
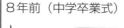 好き！	 やっぱ。好き！	 カッコイー!!	

② 4コマ目の英文→（　　　　　　　　　　　　　　　　　　　　　　　　　　　）

5日前	3日前	2日前	今日
 It's rainy!!	 It's rainy.	 Again!!	

③ 4コマ目の英文→（　　　　　　　　　　　　　　　　　　　　　　　　　　　）

30年前（1990年）	20年前（2000年）	10年前（2010年）	現在
 Akiko!!	 Akiko!!	 Akiko!	Akiko

Step 2 あなたが今まで継続してやっていることは何ですか。3つ書いてみよう。

例）I have lived in this town for 14 years.
　　I have played basketball since I was 5 years old.

Let's reflect! 振り返ってみよう

① 積極的に英語を使ってセリフを考えようとしましたか。【主体的な学び】　　5　4　3　2　1
② 友達が作ったセリフを見て，色々な表現を学びましたか。【対話的な学び】　　5　4　3　2　1
③ 現在完了の継続用法の意味がよく理解できましたか。【深い学び】　　　　　　5　4　3　2　1

現在完了（完了）

4 あなたも！ストーリーテラー②

✔ 活動時間 約15分　✔ 言語活動　読む・書く　✔ AL の視点　深い学び

現在完了の完了用法は，何かやっていて，それが「今，終わった」とか「もう終わった」というときに使います。これも日本語にはない概念となりますので，4コマ漫画で"時の流れ"を理解させたいです。また，**Step2** のように，現在完了の文の後に，1文付けたすことで，生徒が作る英文に「意味」をもたせることができます。

【指導手順】　INPUT ⇒ 気づき ⇒ 理解 ⇒ **内在化** ⇒ 統合 ⇒ OUTPUT

	学習内容	▶生徒の学習活動　●AL の視点　・留意点
❶	**Step 1** を行う。 ①4コマ目のセリフを考えて書く。（6分）	▶ワークシートを配り，4コマ漫画の最後のセリフを考える。 **T**：Look at the worksheet and think what the last line would be. 　　Try to write your own ideas. ・過去にしていたことが「今，終わった」「もう終わっている」と言うときに，現在完了の完了用法を使うということを理解させる。 ・1文でも多く書くよう指示する。
	②班で1つ名セリフを決める。（2分）	○グループで発表し合い，1つよい作品を決める。 **T**：Make groups and choose the **best** one in your group. I'll give you 2 minutes. ・班で名セリフが発表できるように話し合う。 【対話的な学び】
	③発表する。（2分）	○発表する。 **T**：Now, it's time to share your ideas. Each group has to share. So which group wants to be the first? ・必要に応じ，名セリフ賞を決める。 【対話的な学び】
❷	**Step 2** を行う。 自分の英文を書く。（4分）	○完了用法の文を考えて書き，1文付けたす。 **T**：Look at **Step2**. There are two examples. You are going to write your own sentences. After writing a sentence, add one more sentence. 【深い学び】
❸	振り返る。（1分）	○活動を振り返る。　【主体的な学び】

Worksheet

【現在完了（完了）】

あなたも！ストーリーテラー②

Class (　　) Number (　　) Name (　　　　　　　　)

Step 1　次のようなとき，最後の4コマ目には，どんなセリフを入れますか？

①4コマ目の英文→（　　　　　　　　　　　　　　　　　　　　　　　）

②4コマ目の英文→（　　　　　　　　　　　　　　　　　　　　　　　）

③4コマ目の英文→（　　　　　　　　　　　　　　　　　　　　　　　）

Step 2　「今，終わった」とか「もう終わっている」という文と，それに続く1文を書こう。

　例）　I **have just read** this book.　It was a sad story.

　　　　I **have already cleaned** my room.　I'll go to bed.

─ Let's reflect!　振り返ってみよう

①積極的に英語を使ってセリフを考えようとしましたか。【主体的な学び】　　　5　4　3　2　1
②友達が作ったセリフを見て，色々な表現を学びましたか。【対話的な学び】　　5　4　3　2　1
③現在完了の完了用法の意味がよく理解できましたか。【深い学び】　　　　　　5　4　3　2　1

119

現在完了（経験）

5 あなたも！ストーリーテラー③

✔活動時間　約15分　　✔言語活動　読む・書く　　✔ALの視点　対話的な学び

現在完了の経験用法は，生まれてから今までの経験を言うので，比較的具体性があり，理解しやすい用法です。ただ，経験を表す once, twice, three times, several times, many times 等の指導や，否定の never を入れた文の内在化を図るには，架空の状況設定を行い，生徒に十分な練習をさせなければいけません。本活動は，深い理解を促す過程の一場面です。

【指導手順】　(INPUT)　気づき　➡　理解　➡　内在化　➡　統合　(OUTPUT)

	学習内容	▶生徒の学習活動　●ALの視点　・留意点
❶	**Step1** を行う。 ①4コマ目のセリフを考えて書く。（6分）	▷ワークシートを配り，4コマ漫画の最後のセリフを考える。 **T**：Look at the worksheet and think what the last line would be. 　Try to write them with your own ideas. ・過去にやったことがあることを言うときに，現在完了の経験用法を使うということを理解させる。 ・1文でも多く書くよう指示する。
	②班で1つ名セリフを決める。（2分）	○グループで発表し合い，1つよい作品を決める。 **T**：Make groups and choose the **best** one in your group. I'll give you 2 minutes. ・班で名セリフが発表できるように話し合う。 【対話的な学び】
	③発表する。（2分）	○発表する。 **T**：Now, it's time to share your ideas. Each group has to share. So which group wants to be the first? ・必要に応じ，名セリフ賞を決める。 【対話的な学び】
❷	**Step2** を行う。 自分の英文を書く。（4分）	○経験用法の文を考えて書き，1文付けたす。 **T**：Look at **Step2**. There are two examples. You are going to write your own sentences. After writing a sentence, add one more sentence. ・できるだけ自分の経験を書くように言う。　【深い学び】
❸	振り返る。（1分）	○活動を振り返る。　【主体的な学び】

120

Worksheet

【現在完了（経験）】

あなたも！ストーリーテラー③

Class (　　) Number (　　) Name (　　　　　　　　　)

Step 1 次のようなとき，最後の4コマ目には，どんなセリフを入れますか？

①4コマ目の英文→（　　　　　　　　　　　　　　　　　　　　　　　　）

15年前	7年前	3年前	高校の卒業旅行決め

②4コマ目の英文→（　　　　　　　　　　　　　　　　　　　　　　　　）

5歳	10歳	15歳	現在

③4コマ目の英文→（　　　　　　　　　　　　　　　　　　　　　　　　）

7年前	5年前	2年前	現在

Step 2 あなたが今までにやったことのあることを書いてみよう。

例) I **have visited** Kyoto three times. I want to go there again.
　　 I **have never swum** in the river. I'll go and swim this summer.

Let's reflect! 振り返ってみよう

①積極的に英語を使ってセリフを考えようとしましたか。【主体的な学び】　　5 4 3 2 1
②友達が作ったセリフを見て，色々な表現を学びましたか。【対話的な学び】　5 4 3 2 1
③現在完了の経験用法の意味がよく理解できましたか。【深い学び】　　　　5 4 3 2 1

現在完了（継続）

6 創作ビンゴ！
うまくビンゴになるかな？

✔活動時間　約15分　　✔言語活動　話す・聞く・書く　　✔AL の視点　対話的な学び

今回の対話は，生徒に質問したい文を作らせ，それをもとに，友達に尋ねるという「創作ビンゴ」の形をとってみました。生徒は語彙を選び，それをビンゴに書き入れるときには，形を変えなくてはいけないため，このビンゴでは，現在完了の構文及び過去分詞についての練習にもなっています。

【指導手順】　(INPUT)　気づき → 理解 → 内在化 → 統合　(OUTPUT)

	学習内容	▶生徒の学習活動　　● AL の視点　　・留意点
❶	**Step1** を行う。 ①ビンゴに語を変化させて書く。（3分）	▷ Word Choice から語を選び，ビンゴに書き込む。 **T**：Look at the Word Choice box. Choose words and write them on the BINGO. But don't forget to change words when you write. For example, Have you … played …. You add 'ed' as 過去分詞. I'll give you 3 minutes. Let's fill them all. ・友達をイメージして，語彙を選択させるようにする。
	②ビンゴのやり方を知る。 （2分）	▷会話例を読み上げ，質問の仕方を学ぶ。 **T**：Let's look at the example. Repeat after me. ・一度繰り返し，質問の仕方を知る。 **T**：Stand up, go to your friend and "Are you a fan of AKB?" "How long have you been a fan of them?" Then you make a circle and write how long in the blank.
	③ビンゴをする。（5分）	○質問をしながら，ビンゴを行う。 **T**：Now, let's play the Bingo game. ・教師もゲームに参加する。　　　　　　　【対話的な学び】
❷	**Step2** を行う。 自分の英文を書く。（4分）	○友達が Yes, I have. と答えそうな文を書く。 **T**：Look at **Step2**. Make three questions your friend will answer, "Yes, I have".　　　　　　　　【深い学び】
❸	振り返る。（1分）	○活動を振り返る。　　　　　　　　　　　【主体的な学び】

122

【現在完了（継続）】

創作ビンゴ！

うまくビンゴになるかな？

Class (　　) Number (　　) Name (　　　　　　　)

Step 1 Word Choice から語を選び、適切な形に変え、下の①～⑨の下線部に、入れてみよう。その後、例にならって、友達と会話します。うまくビンゴになるかな？

【Word Choice】
- □ be fan of ～（～のファン）　□ practice（武道：kendo / judo / karate 等）
- □ play（スポーツ名：basketball / volleyball / tennis / soccer / baseball 等）　□ live in this town
- □ study English　□ play the（楽器：piano / violin 等）　□ use your（物：pencilcase / bike / bag 等）

例1) A : Are you a fan of baseball?　　B : Yes, I am.
　　　A : **How long have you been** a fan of baseball?
　　　　　　　　　　　　　　　　B : **I've been** a fan of baseball **for a long time**.

例2) A : Hello. Do you play the piano?　B : Yes, I do.
　　　A : **How long have you** played it?　B : I **have played** it **since** I was 5.

【Let's Enjoy BINGO!!】　↓（　）には、やっている年数を書こう。

① (　　　　) How long have you _____ ?	② (　　　　) How long have you _____ ?	③ (　　　　) How long have you _____ ?
④ (　　　　) How long have you _____ ?	⑤ (　　　　) How long have you _____ ?	⑥ (　　　　) How long have you _____ ?
⑦ (　　　　) How long have you _____ ?	⑧ (　　　　) How long have you _____ ?	⑨ (　　　　) How long have you _____ ?

Step 2 友達が、Yes, I have. と答えそうな質問を3つ考えよう。

例) Have you used this pen for a long time?

── Let's reflect!　振り返ってみよう ──
①積極的に友達のところに行って質問しましたか。【主体的な学び】　　　　5　4　3　2　1
②友達との対話を通して、疑問文に慣れることができましたか。【対話的な学び】　5　4　3　2　1
③現在完了の継続用法の疑問文と答え方をよく理解できましたか。【深い学び】　5　4　3　2　1

現在完了（完了）

7 9時です！もう終わりましたか？

✔ 活動時間　約12分　　✔ 言語活動　話す・聞く　　✔ AL の視点　深い学び

現在完了の完了用法は，なかなか活動がしづらい文法で，その場での自己表現を行うには，場面設定が困難な文法事項です。このようなときは，ライティングという方法も考えられますが，当てっこゲーム方式で，カードを使ってみました。時間を仮定して，その時間にやり終えているかどうかを尋ねながら，相手を当てるゲームです。

【指導手順】　INPUT　→　気づき　→　理解　→　内在化　→　統合　→　OUTPUT

	学習内容	▶生徒の学習活動　●AL の視点　・留意点
❶	**Step1** を行う。 ①活動のやり方を知る。 （2分）	▷**ワークシートを配り，活動のやり方を知る。** **T**：Look at the worksheet. There are 5 names here. Miki, Taku, Ken, Jim and Lucy. At 7, Miki is having dinner. Look at 8 o'clock. Miki has already eaten dinner. Choose one person from the list and make a circle around it. ・生徒は5人の中から1人を選び，絵を○する。 **T**：Let's ask your friends and guess who your friend is. First don't forget to tell what time it is. ・例を見ながら，やり方を確認する。
	②当てっこゲームを行う。 （5分）	○**自由に立って，友達と当てっこをする。** **T**：O.K. Stand up. Let's do it. ・教師は BGM をかけるなど，雰囲気を盛り上げる。 ・当てることができたか，当てたら○を1つ塗っていく。 ・約5分後，何人当てることができたか確認する。 【対話的な学び】
❷	**Step2** を行う。 自分のことで答える。 （4分）	○**10時を想定して，友達に終わっているかどうか尋ねる。** 　例）A：Have you played video games? 　　　B：No, I haven't. / I won't play video games. 【深い学び】
❸	振り返る。（1分）	○**活動を振り返る。**　　　　　　　　　　　【主体的な学び】

124

Worksheet

【現在完了（完了）】

9時です！もう終わりましたか？

Class (　　) Number (　　) Name (　　　　　　　　)

Step 1 次の5人のうちの1人になりきって，例にならって，友達と相手が誰だか当てっこしよう。何回当てることができるかな？　当てたら○を1つ塗ろう！　○○○○○○○○○○

例） A : It's 9 o'clock. Have you taken a bath yet?　　B : No, I haven't.
　　A : Have you done your homework yet?　　　　　　B : No, I haven't.
　　A : Have you eaten dinner yet?　　　　　　　　　　B : Yes, I have.
　　A : Are you Taku?

Step 2 実際のあなたはどうかな？　今夜の予想で友達と対話してみよう。
例） A : It's 10 o'clock. Have you studied "家庭学習" yet?　B : Of course, I have.

Let's reflect! 振り返ってみよう

①積極的に英語を使って友達と当てっこをしましたか。【主体的な学び】　　　　　　　5　4　3　2　1
②友達の英語をよく聞いて，答えることができましたか。【対話的な学び】　　　　　5　4　3　2　1
③現在完了の完了用法の疑問文での質問の仕方がよく理解できましたか。【深い学び】　5　4　3　2　1

現在完了（経験）

47都道府県！うまく塗れるかな？

✔ 活動時間　約10分　　✔ 言語活動　話す・聞く　　✔ AL の視点　対話的な学び

生徒に思い切って白地図を渡してみましょう。そして，友達に尋ね歩き，行ったことのある都道府県を塗っていきます。できるだけ多く塗れるように質問をします。中学生だとあまり遠くまで行っていないかも知れません。まずは，自分が住んでいる周りの都道府県からせめていくとよいでしょう。社会科の勉強を兼ねて，やってみてはいかがでしょうか。

【指導手順】 INPUT → 気づき → 理解 → **内在化** → 統合 → OUTPUT

	学習内容	▶生徒の学習活動　●AL の視点　・留意点
❶	**Step 1** を行う。 ①活動のやり方を知る。 （1分）	▷ Have you ever been to ～? の表現を使って，友達が行ったことのある都道府県を尋ね歩く。 T：Look at the map. Which places in Japan have you been to? I have been to many places. I have been to Hokkaido, Aomori, Akita, Iwate …. I've been to all the prefectures in Japan. Now, you stand up and ask your friends, "Have you ever been to ～?" After you ask and your friend answer "No, I haven't. No, I haven't. No, I haven't." three times, then you can ask "Where have you been in Japan?" ・生徒は Have you ever been to ～? と3回言っても，No, I haven't. という返答であったら，Where have you been in Japan? と尋ねることができる。
	②友達に質問する。（5分）	○友達に質問し，できるだけ多くの都道府県が塗れるようにする。 T：Now, let's play the game. ・教師もゲームに参加する。　　　　　　　　　　【対話的な学び】
❷	**Step 2** を行う。 自分の英文を書く。（3分）	○友達が Yes, I have. と答えそうな文を書く。 T：Look at **Step2**. Make three questions which your friend will answer, "Yes, I have". ・実際に友達に質問し，いくつ Yes, I have. と返ってくるか，行わせてもよい。　　　　　　　　　　　　　　　　【深い学び】
❸	振り返る。（1分）	○活動を振り返る。　　　　　　　　　　　　　　【主体的な学び】

126

Worksheet

【現在完了（経験）】

47都道府県！うまく塗れるかな？

Class (　　) Number (　　) Name (　　　　　　　　　　)

Step 1 友達が行ったことがある場所を尋ね，行った都道府県を塗っていこう。
もし友達に3回 No, I haven't. と言われてしまったら，"Where have you been in Japan?"
（どこに行ったことがあるの？）と尋ねちゃいましょう。

何個塗れましたか？

Step 2 友達が，Yes, I have. と答えそうな質問を3つ考えよう。
　　　　例）Have you ever eaten sushi?

— Let's reflect! 振り返ってみよう
①積極的に友達のところに行って質問しましたか。【主体的な学び】　　　　　5 4 3 2 1
②友達との対話を通して，疑問文に慣れることができましたか。【対話的な学び】　5 4 3 2 1
③現在完了の経験用法の疑問文と答え方をよく理解できましたか。【深い学び】　5 4 3 2 1

127

現在分詞の後置修飾

9 犯人像を英語で伝えよ！
My bag was stolen! I saw the suspect!

✔ 活動時間　約15分　　✔ 言語活動　話す・聞く　　✔ AL の視点　対話的な学び

　犯人を捜す活動は，よく過去進行形で使われますが，今回，現在分詞の後置修飾での活用を考えました。防犯カメラの写真を見ながら，犯人像を絞っていく設定です。これにより，「髪の毛が長い人」「眼鏡をかけている人」「大きなカバンを持っている人」のような表現を使わせようという意図があります。多少，不自然な英語になりますが，〈練習〉と捉えて行います。

【指導手順】　(INPUT)　気づき　➡　理解　➡　**内在化**　➡　統合　(OUTPUT)

	学習内容	▶生徒の学習活動　● AL の視点　・留意点
❶	**Step1** を行う。 ①活動のやり方を知る。 （2分）	▷**ワークシートの場面設定について理解する。** 〈場面〉 旅行中カバンが盗まれた。犯人像を英語で伝える。 ・多少不自然な表現にはなるが，現在分詞の後置修飾を使わせ，文構造に慣れさせたいため，英文を使わせる。
	②犯人像を英語で伝える。 （7分）	○**1人犯人を決め，警察官に英語で伝える。** **T**：Imagine who's the suspect. Describe the man. 　　For example, "The suspect is the man wearing the glasses. He is the man running with a dog. He is the man having long hair." Did you get him? ・ワークシートの例で示しながら，表現の仕方を教える。 ・うまく伝わったら，☆を1つ塗りつぶす。 ・約5分後，何回うまく伝えることができたか確認する。 【対話的な学び】
❷	**Step2** を行う。 人物2人を説明する文をノートに書く。（5分）	○**2人，犯人を選び，その犯人像を英語で伝える文を書く。** ・出だしだけ生徒に示してあげるとよい。 　例）The suspect is the man wearing a cap. 　　　He is the man singing on the bench. 【深い学び】
❸	振り返る。（1分）	○**活動を振り返る。**　　　　　　　　　　　　【主体的な学び】

Worksheet

【現在分詞の後置修飾】
犯人像を英語で伝えよ！
My bag was stolen! I saw the suspect!

Class (　　) Number (　　) Name (　　　　　　　　)

Step 1　あなたはアメリカ旅行中，なんと！カバンを盗まれてしまいました。でも，犯人と思われる怪しい人物を見かけました。警察に行くと，防犯カメラの写真を見せられました。この中から自由に，あなたが犯人だと思う人物を決め，警察官に伝えよう。

　　Police officer : Who is the suspect?
　　　　あなた : The suspect is the tall man wearing glasses.
　　　　　　　　He is the man running with a dog.
　　　　　　　　He is the man having a long hair.　　☆☆☆☆☆☆☆☆☆☆

Step 2　上の絵から2人を選び，その人物を説明する文をノートに書こう。

Let's reflect!　振り返ってみよう

①積極的に英語を使って犯人を伝えようとしましたか。【主体的な学び】　　5 4 3 2 1
②人物の特徴の伝え方を学ぶことができましたか。【対話的な学び】　　　5 4 3 2 1
③現在分詞の後置修飾の文構造を友達に説明できますか。【深い学び】　　5 4 3 2 1

129

過去分詞の後置修飾

10 うまく伝えられるかな？

✔ 活動時間　約15分　　✔ 言語活動　話す・聞く　　✔ AL の視点　対話的な学び

単　純に絵を見て，それを過去分詞の後置修飾を使って伝える活動となります。何度も何度も言わせ，内在化を図ります。後置修飾は，前半と後半で区切るとよいです。例えば，This is the temple built by Ashikaga Yoshimitsu. であれば，This is the temple / built by Ashikaga Yoshimitsu. のようにするのです。temple を説明するのが，その後に続くと教えます。

【指導手順】　(INPUT) 　気づき ➡ 理解 ➡ 内在化 ➡ 統合 　(OUTPUT)

	学習内容	▶生徒の学習活動　●AL の視点　・留意点
❶	**Step1** を行う。 ①活動のやり方を知る。 （2分）	▷**活動のやり方を知る。** **T**：You are going to tell something about the pictures to your partner. 　For example, "This is the book written by Soseki Natsume." What's this? **S**：Bochan. **T**：Right.
	②物の特徴を捉え，英語で伝える。（7分）	○**ワークシート内にある絵を，制限時間内にいくつ伝えることができるか挑戦する。** **T**：Make pairs. ・生徒は隣のペアと席を向かい合わせる。 **T**：Students sitting on the right line, stand up. ・黒板に向かって右側の生徒は立つ。 **T**：I'll give you one minute to tell something about the pictures. 　Rememer how many you could tell correctly. ・活動後，伝わった回数分，☆を塗りつぶす。 ・次は左側の生徒が立ち，交代する。 ・それ以降はペアを変え，数回実施する。　　【対話的な学び】
❷	**Step2** を行う。 書いて確認する。（5分）	○**物を説明する文を書く。** 　This is a fruit grown in Aomori.　　　　　　【深い学び】 ・絵にないものでも書かせてよい。
❸	振り返る。（1分）	○**活動を振り返る。**　　　　　　　　　　　　【主体的な学び】

Worksheet

【過去分詞の後置修飾】

うまく伝えられるかな？

Class (　　) Number (　　　) Name (　　　　　　　　　　)

Step 1　友達にいくつ伝えることができるかな？　例にならって伝えてみよう。

例) This is the book **written** by Soseki Natsume.
　　This is the fruit **grown** in Chiba.
　　This is the temple **built** by Syotoku Taishi.
　　This is the sport **played** by 9 players.

【伝えてみよう】　☆☆☆☆☆☆☆☆☆☆☆☆☆☆☆☆☆☆☆☆☆☆☆☆

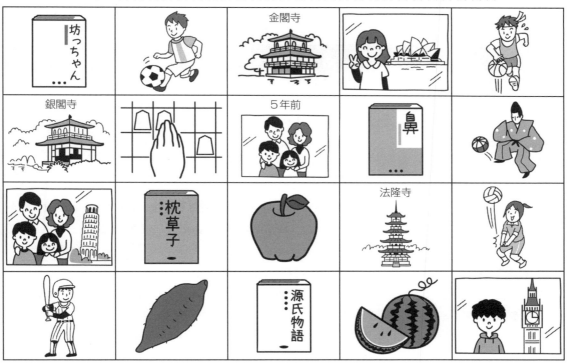

Step 2　上の絵からいくつか選び，それを説明する文をノートに書こう。

― Let's reflect! 振り返ってみよう ―
①積極的に英語を使って物を説明しようとしましたか。【主体的な学び】　　5 4 3 2 1
②物の特徴の伝え方を学ぶことができましたか。【対話的な学び】　　　　 5 4 3 2 1
③過去分詞の後置修飾の文構造を友達に説明できますか。【深い学び】　　 5 4 3 2 1

131

関係代名詞 that（主格）

11 1文で説明できるかな?!

✔ 活動時間　約12分　　✔ 言語活動　読む・話す・聞く　　✔ AL の視点　対話的な学び

関係代名詞，主格の that は，私はクイズから入ります。例えば，This is a teacher that comes from Chichibu and he teaches P.E. / This is a big animal that likes bananas and it lives in the mountain. のようにクイズを出します。その中で，関係代名詞は教わっていないけれど聞き取れたという体験を経験させます。その後，帰納的に関係代名詞の説明をし，簡単な練習を終えた後，本活動に入ります。

【指導手順】 (INPUT) 気づき ➡ 理解 ➡ **内在化** ➡ 統合 (OUTPUT)

	学習内容	▶生徒の学習活動　● AL の視点　・留意点
❶	**Step1** を行う。 ①やり方を知る。（2分）	▷やり方を知る。 T：Now, we are going to describe animals. You could say, "It's a big grey animal that lives in Africa and India." in only one sentence. ・例にならい，1文で動物を説明する文を考え発話する。
	②英語1文で動物を伝える。 （3分）	○**英語1文で動物を伝える。** T：Make pairs. First, students sitting on the right, stand up. T：I'll give you one minute and a half let's do it. ・およそ1分30秒後，交代させる。　　　　　【対話的な学び】
❷	**Step2** を行う。 英英辞典の定義文を読み，語を類推する。（5分）	○**ペアで英英辞典の定義文を読む。** T：Look at **Step2**. Read No.1 to No.5 and guess what those are in pairs. ・ペアで協力して課題解決を図る協働的な活動を行う。 ・語注はその語に対応する1つの意味を提示するのではなく，複数提示し，文脈から類推させる。　　　　　【対話的な学び】 【Step2の答え】①辞書 ②ワニ ③アリ ④顕微鏡 ⑤壁時計
❸	振り返る。 ①関係代名詞の必要性に気づく。（1分）	○**定義文を用い関係代名詞の必要性を理解させる。** T：a book だけじゃ，何かわからないよね。でも，その後に，that gives a list of words in alphabetical order and explains their meanings とあると，「辞書」ということがわかりますね。このように，不十分な情報に，それを説明する語句を付けたすのが関係代名詞なのです。　【深い学び】
	②自己評価する。（1分）	○今日の学習を振り返り，家庭学習につなげる。　【主体的な学び】

Worksheet

【関係代名詞 that（主格）】

1文で説明できるかな?!

Class (　　) Number (　　) Name (　　　　　　　　　)

Step 1 次の①〜⑫までの動物を1文で説明してみよう。いくつ友達に伝わるかな？

例) A : It's a big grey animal **that** has a long nose.
　　B : Is that an elephant?
　　A : That's right!

Step 2 次の英英辞典の定義文を読んで、何か当ててみよう。

① a book **that** gives a list of words in alphabetical order and explains their meanings
② a large animal with a long mouth and tail and sharp teeth **that** lives in the hot wet parts of the US and China
③ a small insect **that** lives in a group under the ground
④ a scientific *instrument **that** makes small things look larger　　*instrument 道具，楽器
⑤ an *instrument **that** shows what time it is, in a room or outside on a building

Let's reflect!　振り返ってみよう

①積極的に英語で説明しようとしましたか。【主体的な学び】　　　5 4 3 2 1
②友達と協力して英英辞典の定義文を読むことができましたか。【対話的な学び】　5 4 3 2 1
③関係代名詞を使えば，詳しく説明できることがわかりましたか。【深い学び】　5 4 3 2 1

133

関係代名詞 who / which（主格）

12 物語を説明してみよう！

✔活動時間　約18分　　✔言語活動　読む・話す・聞く・書く　　✔AL の視点　対話的な学び

主格の who / whcih もクイズから入ります。This is a teacher who likes AKB 48 very much. This is a bird which cannot fly, but swims. このような例文でクイズを出題し，その中で，どういうときに who なのか，どういうときに which なのかを類推させ〈気づき〉を生ませます。その後，先行詞が人のときは，who を使い，物や動物のときには which を使うということを〈理解〉させ，少し練習した後，実際に使ってみます。

【指導手順】　INPUT　→　気づき　→　理解　→　**内在化**　→　統合　→　OUTPUT

	学習内容	▶生徒の学習活動　　●AL の視点　　・留意点
❶	**Step 1** を行う。 物語を１文で説明する。 （12分）	○物語の説明を関係代名詞を使って行う。 **T**：Look at the pictures. There are a lot of stories here. Can you explain what the story is about? **T**：Make a group of four. And explain the stories. ▷**物語の説明を考える。必要に応じ，ペアで考えさせる。** 〈説明の例〉① It's a story about a boy who went to Onigashima with a dog, a monkey and a bird.　② It's a girl who went back to the moon.　③ It's a story about a boy who helped a turtle and went to Ryu-gu-jyo.　④ It's a story about a boy who fought with a bear.　⑤ It's a story about a tiny boy who went down the river in a cup boat and beat a devil with a thread.　⑥ It's a story about a poor girl who lost her shoe after the party. ⑦ It's a story about a girl who lives with seven dwarfs. ・グループごとに発表する。　　　　　　　**【対話的・協働的な学び】**
❷	**Step 2** を行う。 定義文から語を類推する。 （5分）	○ペアで英英辞典の定義文を読む。 **T**：Look at **Step2**. Read No.1 to No.7 and guess what those are in pairs. ・ペアで協力して課題解決を図る。　　　　**【対話的・協働的な学び】** **【Step2 の答え】**①芥川龍之介 ②看護師 ③車いす ④先生 ⑤チケット ⑥虹 ⑦盲導犬
❸	振り返る。（1分）	○活動を振り返る。　　　　　　　　　　　　**【主体的な学び】** ・時間があれば，他の物語の説明を書かせ，クイズにする。

Worksheet

【関係代名詞 who / which（主格）】

物語を説明してみよう！

Class (　　) Number (　　) Name (　　　　　　　　　)

Step 1 次の物語を例にならって，まず最初に口頭で説明し，その後，3つを選び1文で説明してみましょう。

例) It's a story about a man who blooms cherry blossoms.
　　It's a story about baby crabs which fight with a monkey.

(　) --
(　) --
(　) --

Step 2 次の英英辞典の定義文を読んで，何か当ててみよう。

① the man **who** wrote "Nose", "Rasho-mon", "A Spider's thread" and so on
② someone **who** looks after people **who** are ill or injured
③ a chair with wheels and used by people **who** cannot walk
④ someone **who** teaches, especially in a school
⑤ a printed piece of paper **which** shows that you have paid to enter a cinema, travel on a bus, plane etc
⑥ a large curve of different colors **which** can appear in the sky when there is both sun and rain
⑦ a trained dog **which** guide* a blind man 　　 * a blind man means someone who cannot see

Let's reflect! 振り返ってみよう

①積極的に英語で説明しようとしましたか。【主体的な学び】　　　　　　　5　4　3　2　1
②友達と協力して英語の定義文を読むことができましたか。【対話的な学び】　5　4　3　2　1
③人のときは who，物や動物のときは which を使うことがわかりましたか。【深い学び】5　4　3　2　1

135

関係代名詞 who / which（目的格）

13 今日も1文で説明してみよう！

✔ 活動時間　約18分　　✔ 言語活動　読む・話す・聞く　　✔AL の視点　対話的な学び

関係代名詞は「どういう○○かというと」と訳させます。This is an animal which lives in Australia. なら「これは動物です」「どういう動物かというと」「オーストラリアに住んでいる」と前から意味をとらせていきます。目的格も同様です。I love the books which Soseki wrote.「私は本が大好きです」「どういう本かというと」「漱石が書いた」となり，主格の指導が生きてきます。

【指導手順】 （INPUT） 気づき ➡ 理解 ➡ 内在化 ➡ 統合 （OUTPUT）

	学習内容	▶生徒の学習活動　　● AL の視点　　・留意点
❶	**Step1** を行う。 目的格 which の入った文を言ってみる。（5分）	▷**世界の国々で食べられているものを英語で説明する。** **T**：What's this? **S**：It's pizza. **T**：Yes. In what country, is this eaten? **S**：Italy. **T**：Right. This is a food which Italian people like to eat. 　　Look at the worksheet.　Can you tell us who eats the foods? 　　Make pairs and say together in English. ・ペアで No.1 から言ってみる。 ・発表させる。　　　　　　　　　　　　　　　　【対話的な学び】
❷	**Step2** を行う。 定義文から語を類推する。 （7分）	○**ペアで英英辞典の定義文を読む。** **T**：Look at **Step2**. Read No.1 to No.7 and guess what those are in pairs. ・ペアで協力して課題解決を図る。 **【Step2 の答え】** ① handkerchief ② eraser ③ watch ④ horse ⑤ hat ⑥ chopsticks ⑦ pillow 　　　　　　　　　　　　　　　　　【対話的・協働的な学び】
❸	**Step3** を行う。 1つ英文を作る。（3分）	○**関係代名詞の目的格の入った文を1つ作ってみる。** **T**：Write your own sentence on your worksheet. **【深い学び】** ・自分で文を作ることで，文法の使い方の深い理解を促す。
❹	振り返る。（3分）	○**活動を振り返る。** ・関係代名詞の目的格の次は「主語・動詞」の順番になることや which は省略できることも確認する。　　　　　【深い学び】

Worksheet

【関係代名詞 who / which（目的格）】

今日も１文で説明してみよう！

Class (　　) Number (　　) Name (　　　　　　　　　)

Step 1 世界には色々な食べ物があり，各国独特の文化があります。次の①～⑧の食べ物がどこの国で主に食べられているか説明する文を例にならって，言ってみよう。

例） This is a food **(which)** British people like to eat.
　　 This is a food **(which)** Korean people like to eat.

① fish and chips　② kimuchi　③ escargot　④ boiled gyoza
⑤ sushi　⑥ steak　⑦ sausage　⑧ curry

Step 2 英語の定義文に挑戦！　何を説明しているか読んで類推してみよう。

① a piece of cloth **which** you use for drying your nose or eyes
② a small piece of rubber **which** you use to remove pencil or pen marks from paper
③ a small clock **which** you wear on your wrist or keep in your pocket
④ a large strong animal **which** people ride and use for pulling heavy things
⑤ a piece of clothing **which** you wear on your head
⑥ sticks **which** you use to eat food in many countries in Asia
⑦ a cloth **which** you put your head on when you are sleeping

Step 3 関係代名詞 which の入った文を１つ，作ってみよう。

― Let's reflect! 振り返ってみよう

①積極的に英語で説明しようとしましたか。【主体的な学び】　　　　　　　5　4　3　2　1
②友達と協力して英語の定義文を読むことができましたか。【対話的な学び】　5　4　3　2　1
③関係代名詞の目的格の文構造を友達に説明できますか。【深い学び】　　　5　4　3　2　1

137

Worksheet

【付録　中学1年】

職業適性検査の結果発表

Class （　　　　） Number （　　　　） Name （　　　　　　　　　　　）

A 時間を忘れ，バリバリ仕事をする行動派	B 行動力があり，元気よく働く肉体派	C 創造性を発揮し，仕事をクリエートするアイデア派	D 責任感があり，なんでもきちんと仕事をする慎重派
・社長 ・投資家 ・政治家 ・コンピュータプログラマー	・大工 ・スポーツ選手 ・農業 ・漁師	・美容師 ・料理人 ・パティシエ ・トリマー ・作家	・公務員 ・銀行員 ・弁護士 ・医者 ・看護師 ・介護士 ・警察官

E 子供と一緒に楽しみ，いつまでも子供心を忘れない純真派	F 他国の人と交わるのを苦にせず，世界を駆け巡る行動派	G 孤独を嫌がらず，こつこつと仕事をこなす堅実派	H 話すのが好きで人を笑わすのが好きなユーモア派
・保育士 ・教師	・パイロット ・ツアーコンダクター ・外交官	・お坊さん ・自営業	・コメディアン ・落語家

あなたは将来，何になりたいかな？

（　　　　　　　　　　　　　　　　　　　　　　　　　　　　　　）

Let's reflect! 振り返ってみよう

①積極的に友達に質問しようとしましたか。【主体的な学び】　　　　5　4　3　2　1

②できることを尋ね合うことができましたか。【対話的な学び】　　　5　4　3　2　1

③ can の疑問文とその答え方について説明できますか。【深い学び】　5　4　3　2　1

Worksheet

【付録 中学2年】

What are missing? の絵カード

Class (　　) Number (　　) Name (　　　　　　　　　　)

139

Worksheet

【付録　中学2年】

性格判断の結果発表

Class (　　) Number (　　) Name (　　　　　　　　　)

A 好き嫌いの激しいあなた！　最後までやりきった経験があまりありません。しかし，そんな自分の個性を大事にし，個性が発揮できると素晴らしい仕事につながります。1つ得意なものを作り，それを伸ばしながら，他の分野もバランスよく伸ばしていきましょう。

B 趣味が多彩なあなた。色々なことに興味を示します。しかし，その興味もすぐに飽きてしまい，あまり長続きしないという経験はありませんか？　どちらかというと，やらなくてはいけないことを後回しにして，宿題を前日までやっているタイプです。

C どちらかというと，外で活動するより，室内にいる方が好きなあなたは，小さな子供たちからも好かれ，人と接して過ごすことが好きなタイプです。ユーモアのあるあなたは，難しい話題を笑いに変えてしまう「芸人」タイプです。

D あなたはとても活動的です。人のために働くそんなあなたは，誰からも好かれ，いい人生を送るでしょう。これからも人を大切に思い，他人に尽くすことで，自分をも大きく成長させていくことに違いありません。

E あなたは人との付き合いを大切にするタイプです。約束を重んじ，友人のお祝いにきちんと駆けつけ，自分よりも他人を優先する人です。ただ，子供の扱いは苦手で，うまく子供とコミュニケーションが取れないところが欠点かな？

F 友達と一緒にいると，友達の意見を受け入れ，自分のやりたいことを押さえてしまうタイプです。ですから，あなたの周りには，あなたを引っ張っていく行動的な人の存在が必要です。行動派の友達のように，あなたも大人になると，超！行動派になります。

G どちらかというと，あなたは自分のことで精いっぱいで，他人に手助けをする余裕がまだありません。しかしそれは，自分のことをしっかりやろうという責任感の現れでもあります。そんなあなたは，不言実行タイプと言えるでしょう。

H 孤独を楽しむロンリーパーソン。友達とワイワイガヤガヤするよりも，自分のペースを守り，こつこつと仕事や勉強をする時間を大切にするタイプ。計画性があり，提出物も期限よりも前に終わらせる堅実派。そんなあなたは将来，部長の座は確実！

Let's reflect! 振り返ってみよう

① ワークシートを見ず，友達の英語を聞いて答えましたか。【主体的な学び】　　5　4　3　2　1
② 対話を通じ，好きなことを尋ねる言い方に慣れましたか。【対話的な学び】　　5　4　3　2　1
③ 「〜すること」と表現するときの「形 (form)」が説明できますか。【深い学び】　5　4　3　2　1

おわりに

　アクティブ・ラーニングは，まだまだ研究の余地が残されています。今後，更に工夫された英語科のアクティビティ事例を必要とします。アクティブ・ラーニングは，確かに生徒の「主体性」のある学習活動を展開します。そしてそれが真の「主体性」を伴う学修者を育てていくことにつなげていかなくてはなりません。そのためには，英語に興味関心をもたせ，楽しい授業を行うことは当然のことですが，前著である『絶対成功する！アクティブ・ラーニングの授業づくりアイデアブック』（明治図書）の視点や組み立てがどうしても必要となってきます。本来であれば，前著の中で文法指導も書くべきですが，それ以前にアクティブ・ラーニングの視点で授業を見直したとき，書き出すことが多く，本書の続編の執筆に至りました。お蔭さまで，作りたかった「文法アクティビティ」の本ができました。まだまだたくさんのアクティビティが考えられますが，この後は，先生方のアイデアと発想で創出していっていただけたらと思います。またアクティブ・ラーニングの手法は，さまざまです。先生方の取組で，目の前の生徒にあった協働的な学習を「生徒とともに創り上げていく」という思いでご尽力いただけたらと思います。協働的な学習法は，「技能」です。教えなくては身に付きません。技能ですからある程度の繰り返しが必要です。すぐにできるようなものではありません。2か月，3か月は必ず必要とします。しかしその繰り返しの中で，確実に生徒は協働的な学習に慣れていくでしょう。プラスの評価をし，生徒に自信をつけさせ，育てていきましょう。ただ生徒の中には，元々日本語ですらあまり話さなかったり，本当に仲の良い友達としか話さない生徒もいます。またすでに学力差があり，協働的な学習が困難な場合もあるでしょう。そういった生徒を含め，いかに協働的な学習を成功させるかを工夫し，授業に食い込むことは，確実に面白いテーマとなります。また，できることなら，学校全体で取り組みたいものです。つまり，英語も社会科も理科も数学科も国語科も，どの教科，どの先生が教えても，同じような「学び合い」ができれば，生徒も教師もラクになります。いわゆる学び合いの「スタンダード」を学校の教職員で作るのです。さらに，アクティブ・ラーニングを実践していくためには，「学び合いの10箇条」のような指針の提示が必要となるでしょう。そして，それらの技能を1つずつ，授業で計画的に教えていくのです。例えば，1つ課題を与えて，「今日の目標は，"協力して課題の解決に向かう"です。」と示し，教科書の読解をグループ学習に任せ，協力して全員が本文の内容を理解できるようにすることを体験させます。この「協力して課題解決」という技能を他の活動でも数回は繰り返していくのです。そして，協力して課題を解決する雰囲気・

〈学び合い学習〉達成すべき10箇条

① 協力して課題の解決に向かえ！

② 自分の考えをもつべし！

③ わからないことを出し合え！

④ 「教えること」は「学ぶこと」だ！

⑤ 積極的に話し合いに参加せよ！

⑥ 仲間に聞け！辞書に聞け！

⑦ 友達の意見をメモせよ！

⑧ 全員が司会者となれ！

⑨ 友達を絶対に見捨ててはならぬ！

⑩ オリジナルな新しい考えを創り出せ！

気持ちを育てるのです。そういう意味では，アクティブ・ラーニングは学力向上の手段であり，目的でもあります。少しの間は，アクティブ・ラーニングができることを目的とし，ペアやグループ活動の方法を教師が身に付けたいものです。そして一人一人の生徒が主体的に取り組めるように授業を工夫し，評価を工夫し，育てていきましょう。今はまさに指導法の大きな転換です。私は色々な著書やセミナーで学び，授業改善に臨みたいと思います。

今，私の手元には，『Collaborative Learing Techniques - A Handbook For College Faculty』（Elizabeth.F.Barkley 他）という分厚い本があります。大学授業での協働学習の本ですが，元々アクティブ・ラーニングは，大学の授業改革から生まれました。本

学び合い学習の流れ

① 自分の考えをもつ。
② 自分の考えを伝える。
③ 友達の考えを聞く。
④ 友達の考えと自分の考えの
　共通点や相違点に気づく。
⑤ 自分の考えをまとめる。

書の Chapter 1「10」に「アクティブ・ラーニングの活動例」を載せておきましたが，そこにあるような活動やヒントがその著書の中にはたくさん見られます。ぜひ，たくさんのヒントを得たいと思っています。

アクティブ・ラーニングでは，「タスク活動」もヒントとなります。どのようなタスクを与えれば，生徒の思考力・判断力・表現力等を鍛える活動になるか考え，単なる文法事項を繰り返し使うという「アクティビティ」とは違った「考える活動」を仕組みます。しかし通常のタスク活動は，どうしても中学生には難しいモノばかりです。本書の「前置詞の Spot the Difference!（間違い探し）」や「過去進行形の What are missing?」などは，そういったタスク活動を意識したものとなっていますが，それでもやや高度感があるのではないかと思います。なぜなら思考力や統合的な力などを扱う「活用」場面であるからです。ぜひ多くの先生方の知恵とアイデアが結集し，今後「中学版のタスク活動」を創っていけるといいなと思います。

さて，本書のワークシートはどうだったでしょうか。アイデアは限りなく出てきます。それらを形にしましたが，もし使いづらい箇所がありましたら，その部分はカットしてお使いください。またできるだけワークシートに日本語でやり方も載せておきましたので，そのまま生徒に渡せば使えるようにはしたつもりです。本書を執筆するにあたり明治図書の木山麻衣子さんには，数多くのアドバイスや励ましのメール（電話）をいただき，そのたびに元気をとりもどしています。また，英語教育達人セミナー主宰の谷口幸夫先生をはじめ，達セミフレンズの先生方には，温かい声をかけていただき，大変感謝しております。現在は教務主任という立場と英語授業ではT2という形で授業に関わっています。これから大変革していく英語教育に少しでも関わりをもち，常に研鑽を深めてまいりたいと思います。読者の皆様，今後とも，どうぞよろしくお願いします。

2017年2月　　　　　　　　　　　　　　　　　　　　　　　　　　　　　　　瀧沢広人

【著者紹介】

瀧沢 広人（たきざわ ひろと）

　1966年東京都東大和市に生まれる。埼玉大学教育学部卒業後，埼玉県公立中学校，ベトナム日本人学校などに勤務。中学３年生の夏に外国人と話をした経験から英語が大好きになり，将来は英語の先生になりたいと思うようになった。教師となってからは，１人でも多くの生徒が，英語を楽しいと感じてもらえるよう，著書やセミナーで学ぶ。また自らも楽しいアイデアなどを発信するようになる。ここ数年は，授業ですぐに使えるような教材を開発したり，アイデア集を提供したりしている。

　主な著書は，『授業をグーンと楽しくする英語教材シリーズ37　授業を100倍面白くする！中学校英文法パズル＆クイズ』，『同29　Can Do で英語力がめきめきアップ！　中学生のためのすらすら英文法』，『同28　入試力をパワーアップする！　中学生のための英語基本単語検定ワーク』，『同27　文法別で入試力をぐんぐん鍛える！　中学生のための英作文ワーク』，『同25　１日５分で英会話の語彙力アップ！中学生のためのすらすら英単語2000』，『同24　５分間トレーニングで英語力がぐんぐんアップ！　中学生のためのすらすら英会話100』，『同21　授業を100倍楽しくする！　英語学習パズル＆クイズ』，『目指せ！英語授業の達人34　絶対成功する！アクティブ・ラーニングの授業づくりアイデアブック』，『同30　絶対成功する！英文法指導アイデアブック中学１年』，『同31　絶対成功する！英文法指導アイデアブック中学２年』，『同32　絶対成功する！英文法指導アイデアブック中学３年』，『同22　教科書を200％活用する！　英語内容理解活動＆解読テスト55』，『同21　英語授業のユニバーサルデザイン　つまずきを支援する指導＆教材アイデア50』（いずれも明治図書），他多数。

【本文イラスト】木村　美穂

目指せ！英語授業の達人36

絶対成功する！
アクティブ・ラーニングの英文法ワークアイデアブック

2017年3月初版第1刷刊	©著　者	瀧　沢　広　人
2023年11月初版第7刷刊	発行者	藤　原　光　政

発行所　明治図書出版株式会社
http://www.meijitosho.co.jp
（企画）木山麻衣子（校正）有海有理
〒114-0023　東京都北区滝野川7-46-1
振替00160-5-151318　電話03(5907)6702
ご注文窓口　電話03(5907)6668

＊検印省略　　　　　組版所　株式会社ライラック

本書の無断コピーは，著作権・出版権にふれます。ご注意ください。
教材部分は学校の授業過程での使用に限り，複製することができます。

Printed in Japan　　　　ISBN978-4-18-287316-4
もれなくクーポンがもらえる！読者アンケートはこちらから →

好評発売中！

習得・活用型アクティブ・ラーニングの言語活動例が満載！

目指せ！英語授業の達人 33
授業が変わる！英語教師のための アクティブ・ラーニングガイドブック

上山晋平 著
図書番号 2342／B5判 136頁／本体 2,100円＋税

英語教師が知っておきたいアクティブ・ラーニングの様々な理論から、AL型授業の環境づくり、授業モデル、家庭学習指導、評価・テスト、他教科との連携まで、習得・活用・探究のプロセスを考えたアクティブ・ラーニング型英語授業づくりのすべてがわかる1冊です！

「主体的・対話的で深い学び」を実現する英語授業とは？

目指せ！英語授業の達人 34
絶対成功する！アクティブ・ラーニングの授業づくりアイデアブック

瀧沢広人 著
図書番号 2345／B5判 136頁／本体 2,260円＋税

教室や授業の環境づくりから4技能別、場面別の指導アイデア、音読、教科書本文、文法指導、英作文などの活動アイデアまで、アクティブ・ラーニングの視点からの英語授業の改善ポイントを、授業の改善前と改善後のイラストも交えながらわかりやすく解説した待望の1冊！

アクティブ・ラーニングの視点で英語で英語の授業ができる

目指せ！英語授業の達人 35
生徒をアクティブ・ラーナーにする！ 英語で行う英語授業のルール＆活動アイデア

胡子美由紀 著
図書番号 1799／B5判 120頁／本体 1,960円＋税

生徒が自然と話せる環境づくり、主体的・協同（協働）的な授業づくり、授業をサポートする教材づくりのルール＆Tipsとともに、英語Onlyの授業がすぐできる言語活動アイデア、生徒用場面別表現リストを掲載した英語で英語の授業づくりのすべてがわかる1冊です！

明治図書　携帯・スマートフォンからは 明治図書ONLINEへ　書籍の検索、注文ができます。
http://www.meijitosho.co.jp　＊併記4桁の図書番号（英数字）でHP、携帯での検索・注文が簡単に行えます。
〒114-0023　東京都北区滝野川7－46－1　ご注文窓口　TEL 03-5907-6668　FAX 050-3156-2790